L

NOTICE SUR A.-F. SERGENT.

NOTICE BIOGRAPHIQUE

SUR

A.-F. SERGENT,

GRAVEUR EN TAILLE-DOUCE,

Député de Paris à la Convention nationale,

PAR

NOËL PARFAIT.

CHARTRES.

GARNIER, IMPRIMEUR-LIBRAIRE,
Place des Halles, 16 et 17.

PARIS.

DAUVIN, FONTAINE, Passage des Panoramas. | GARNIER FRÈRES, Palais-Royal.

1848

ANTOINE-FRANÇOIS SERGENT.

I.

L'homme dont j'inscris le nom en tête de cette notice n'a trouvé jusqu'ici que des accusateurs. Le rôle actif, mais pourtant secondaire, qu'il joua dans le grand drame de la Révolution, lui a valu, depuis bientôt soixante ans, les injures unanimes des folliculaires et des biographes à la suite. On n'a pas nié seulement sa conscience politique, mais encore sa probité privée. — C'est ce que l'on appelle un acteur sacrifié, et la scène révolutionnaire n'en offre que trop d'exemples. — Les quelques écrivains de bonne foi qui ont entrepris de montrer dans leur vrai jour les fondateurs de la liberté française ne l'ont pas fait eux-mêmes avec une justice égale pour tous. En s'empressant d'écarter des plus hautes têtes les malédictions dont les partis vaincus les avaient chargées, ils ont rejeté l'anathème sur celles que le hasard ou le génie n'avaient pas élevées au premier rang. Certains noms malheureux se trouvent ainsi responsables des désastres de toute une époque, et fatalement voués à la réprobation.

Sergent devra-t-il porter un pareil nom devant la postérité? Voici l'instant de le dire. Il vient de terminer sur une terre étrangère sa longue et aventureuse existence : c'est maintenant à l'histoire impartiale d'examiner ses actes et de les juger. — J'ai l'espoir d'apporter au procès quelques pièces justificatives. Possesseur de nombreux documents laissés par Sergent lui-même, je pourrais me borner à les publier; mais, sans prendre le temps — qui serait long peut-être — de coordonner ces mémoires et d'en relier les fragments, je veux, dès aujourd'hui, par le simple récit d'une vie toute d'abnégation et de dévouement, dissiper les préventions et forcer la calomnie au silence. Je veux et je dois le faire, d'abord par amour pour la vérité, ensuite par intérêt pour un compatriote, et par affection pour le souvenir d'un vieillard qui m'appelait son ami.

Antoine-François Sergent naquit à Chartres le 9 octobre 1751. Il était le fils unique d'Antoine Sergent et de Catherine-Madeleine Frémy. Cette origine ne lui promettait que d'obscures et laborieuses destinées, car son père, issu d'une famille d'artisans, exerçait la profession d'arquebusier [1], peu lucrative à cette époque, surtout en province. — Sergent perdit sa mère avant d'avoir pu la connaître. Sa jeunesse et son éducation n'en souffrirent pourtant pas : il fut mis promptement au collége, et il eut le bonheur de retrouver dans la mère d'un de ses condisciples, Mme Vallou de la Garenchère, le soutien naturel que la mort lui avait trop tôt ravi. Cette femme généreuse guida l'enfant de ses conseils et protégea l'adolescent de son crédit. Le jeune Sergent, dont les premiers goûts s'étaient portés vers les arts, ayant acquis, dès l'âge de quatorze ans, une certaine habileté comme dessinateur, fut produit dans le monde et recommandé par sa bienfaitrice, qui lui procura des travaux et des élèves. Le novice professeur put ainsi payer les leçons de ses propres maîtres, car il était encore doublement écolier lui-même.

Quoiqu'il se distinguât de ses compagnons de classe par une gravité précoce, tous l'aimaient pour son esprit facile et conteur, pour son caractère expansif, affectueux, et même enclin, comme on dit, à la *sentimentalité*. — Après

Vallou, qu'une maladie de poitrine enleva de bonne heure à sa mère, le plus cher camarade que le collége eût donné à Sergent, était le fils d'un notaire de la ville, nommé Foreau, qui habitait la petite rue du Chapelet. C'est là qu'il courait passer les instants de loisir que ses occupations lui laissaient. — Tout s'enchaîne dans la vie, et ce détail n'est pas aussi indifférent qu'il le semble. — De la chambre de son ami, l'artiste de quinze ans voyait souvent, assise près d'une fenêtre en face, travaillant à quelque ouvrage de couture ou lisant vers la tombée du jour, une jeune fille encore presque enfant par son âge, mais déjà femme par l'épanouissement de sa beauté. Cette jeune fille, entrevue ainsi, avait allumé dans le cœur de Sergent un amour qui ne devait s'éteindre qu'avec lui. — On l'appelait alors Mlle Marie Desgraviers [2] ; elle se nomma plus tard Émira Marceau. Son naïf et discret amant lui vouait toutes ses pensées, mais n'osait élever ses prétentions jusqu'à elle. Durant deux années entières, il borna son ambition à venir chaque jour contempler de loin son idole, retournant tout joyeux au travail lorsqu'il avait surpris un de ses regards ou cru entendre le son de sa voix. Éternel roman de la jeunesse ! heureux temps, dont le vieux conventionnel a bien des fois évoqué le souvenir dans les tristes heures de l'exil !

Mais Sergent, par qui son père faisait buriner des fantaisies sur les crosses de fusil de sa fabrique, avait senti se révéler sa véritable vocation, et voulait étudier l'art de la gravure. Il partit pour Paris dans les premiers mois de 1768, et entra comme élève pensionnaire chez Augustin de Saint-Aubin. Après avoir reçu pendant trois ans les leçons de cet illustre maître, qui lui donna tout l'esprit et toute la finesse de sa touche, il revint à Chartres avec l'intention de s'y fixer, malgré le peu de ressources qu'une ville de province offrît à son talent. Le jeune artiste ne retrouva plus les choses comme il les avait laissées : Marie Desgraviers, l'objet de son culte fervent, était mariée depuis longtemps déjà. On avait à peine attendu qu'elle eût accompli sa quinzième année pour disposer de sa main. Son père, qui venait alors de contracter un second mariage, cause de l'empressement qu'il mettait à pourvoir sa fille, lui avait choisi pour époux, parmi tous les prétendants, M. Champion de Cernel, procureur à Chartres. — La vie d'Émira fut tellement liée à celle de Sergent, qu'il m'est impossible de ne pas les confondre ici; l'une ne s'explique réellement que par l'autre; et, quoiqu'il puisse paraître futile de mêler une intrigue amoureuse à la biographie d'un conventionnel, je suis forcé d'y mettre quelque insistance. — Mme Champion, est-il besoin de le dire? n'aimait pas son mari, imposé à sa faiblesse par l'autorité paternelle, beaucoup plus vieux qu'elle d'ailleurs, et dont le genre de caractère s'accordait mal avec la fierté du sien. Résolue néanmoins à respecter le nom qu'elle portait contre son libre choix, elle chercha, dans l'étude des sciences et dans la culture des arts, des distractions à ses ennuis domestiques. Un pressentiment secret lui disait-il que, vingt-cinq ans plus tard, attachée à la fortune d'un proscrit, elle aurait besoin pour vivre d'utiliser ses talents? — Après s'être adonnée tour à tour à la botanique, à l'horticulture, à la physique, etc., la jeune femme eut l'idée d'apprendre le dessin. Sergent, qui avait repris ses cours tout en s'occupant de gravure, dut à cette circonstance d'être admis enfin auprès d'elle. La compter au nombre de ses élèves, la voir, lui parler chaque jour, ce fut une grande joie pour son cœur, et il n'en rêva pas d'autre, avec cette imagination sentimentale qui resta jusqu'au bout le cachet de son caractère. Mme Champion avait du reste — on le verra par la suite — une conscience de ses devoirs et une noblesse d'idées qui lui donnaient la force de résister à tout entraînement. Sans doute, elle ne tarda pas à découvrir l'amour profond dont elle était l'objet ; sans doute, le professeur, quand il fut devenu l'habitué de la maison, reçut plus d'une douloureuse confidence ; mais ceux qui ont taxé d'immorale cette union de deux âmes ne connaissaient pas Sergent, et connaissaient encore moins la sœur de Marceau.

Dix ans s'écoulèrent sans apporter de changement dans ces relations, d'autant moins épargnées de la malignité publique, qu'elles ne prenaient aucun soin de se cacher. Les deux platoniques amants se trouvaient absous dans leur conscience. Sergent vivait calme, presque heureux ; il atteignait à sa trentième année, et rien, il faut bien le dire, n'annonçait encore chez lui l'ardent révolutionnaire. Il était parvenu à se faire une position modeste en cultivant son art, cette autre passion de sa jeunesse, la seule qu'il dût trahir un jour. Avec le temps, son talent avait grandi et l'ouvrage était venu. Il gravait des médailles [3], des armoiries, des estampes pour les bréviaires et les missels. La municipalité de Chartres concourait, par une subvention de 800 livres, à la publication qu'il avait entreprise d'un plan de cette ville et d'une vue de sa cathédrale [4]. Dans le prospectus rédigé par Sergent lui-même on lisait, à propos de ce monument, la phrase suivante, qui montre combien alors ses idées étaient loin de la politique :

« .....La cérémonie du sacre de Henri IV fut faite dans cette église par M. de Thou, évêque du diocèse. La génération présente se rappelle encore avec attendrissement le voyage qu'y ont fait les augustes pères du souverain qui fait aujourd'hui le bonheur de la France..... »

Étrange destinée ! l'homme qui laissait tomber avec indifférence cette banalité de sa plume allait, neuf ans après, dans sa conviction, voter la mort de Louis XVI !

C'est que les idées de liberté, de régénération sociale agitées par la philosophie nouvelle n'avaient encore pénétré que dans certaines sphères; elles ne s'étaient pas répandues parmi le peuple et surtout parmi le peuple des provinces. Chaque jour, cependant, elles se propageaient davantage : la presse et la discussion, qu'elles-mêmes avaient créées, s'apprêtaient à leur donner l'essor, et, sous cette impulsion puissante, elles devaient bientôt tout envahir. — Comme dans la vie de la nation, les événements se précipitèrent tout d'un coup dans la vie de l'humble artiste. Le premier qui vint la troubler y jetait un découragement profond. Mme Champion avait subitement quitté Chartres. Une querelle conjugale dont je n'ai point à rechercher la cause, parce que Sergent y fut tout à fait étranger, l'avait déterminée à se séparer de son mari. D'après le conseil même de M. Desgraviers, qui se rangeait trop tard du côté de sa fille, elle était allée s'enfermer au couvent de Louie, à douze lieues de Paris. — Trois ans après, Sergent partait à son tour s'établir dans cette ville. — Outre que le séjour de Chartres lui était devenu insupportable, il songeait à donner un plus large cours à son talent, qui, fécondé par l'étude, avait atteint toute sa maturité. Aucune arrière-pensée, aucun motif inavouable ne le poussait, quoi qu'on en ait dit, à changer le cercle de sa vie. Non. Il savait que Mme Champion — cœur ardent, mais volonté ferme, invariable — malgré sa rupture formelle avec son mari, n'oublierait jamais ce que lui commandait son propre honneur. En effet, lors même que, plus tard, elle usa du bénéfice de la loi du divorce, ce fut uniquement afin de répudier son passé, mais non point dans le but de s'unir à Sergent. Si légalement sa chaîne était brisée, le lien moral subsistait toujours à ses yeux. Pour qu'elle se crût en droit de disposer d'elle-même, il fallut que le conventionnel fût accusé, proscrit, malheureux. Alors seulement elle devint sa femme ou plutôt elle resta son amie, mais elle eut le droit de le suivre dans l'exil !

Sergent savait donc qu'un rapprochement entre eux ne serait point un motif pour flatter ses espérances. Cependant il l'engagea et finit par la décider à venir prendre pension dans un couvent de Paris. Une considération influa puissamment sur la résolution de la jeune femme : il lui répugnait de rien devoir au mari qu'elle avait quitté ; elle voulut ne tenir son existence que d'elle-même, et il fut convenu que Sergent lui enseignerait la gravure, comme autrefois il lui avait enseigné le dessin. — Au bout de deux ans, l'élève était devenue assez habile pour que son maître lui confiât l'exécution de plusieurs portraits dans une galerie des *Personnages célèbres de l'histoire de France*, qu'il faisait alors paraître par livraisons mensuelles, mais dont il n'acheva pas la publication... Sa carrière d'artiste était finie.

Les événements de 1789 éclatèrent comme une tempête. Le peuple de Paris, altéré de gloire, de liberté, de vengeance, descendit de ses ateliers dans la rue et se jeta au milieu de l'orage qui grondait, demandant à Dieu de lui prêter sa foudre ! Sergent, mêlé depuis quatre années à cette population fiévreuse, n'avait pu échapper à la contagion des idées ; sa nature impressionnable s'était émue de toutes les passions de la foule. Il s'élança donc à travers la mêlée politique avec toute la ferveur de l'enthousiasme et tout le dévouement de la foi. Pourtant, lorsqu'il croyait n'obéir qu'à ses convictions intimes, une autre force le poussait à son insu dans le tourbillon révolutionnaire. Il avait près de quarante ans alors, mais il serait plus juste de dire qu'il avait deux fois vingt ans, car il n'avait pas vieilli. Son esprit et son cœur étaient restés jeunes de toute leur jeunesse ; ils étaient pleins d'une ardeur et d'une activité qui n'avaient pu, jusque-là, se faire jour au dehors. Les sentiments qu'un amour chaste avait tenus si longtemps comprimés en lui, et qui n'attendaient qu'une occasion pour déborder, trouvaient enfin dans les émotions de la place publique une large voie d'expansion : voilà surtout, voilà pourquoi Sergent se précipita corps et âme en avant. — Et c'est aussi la raison qui m'a fait suivre les phases de son premier et unique amour. Il fallait d'abord lui en tenir compte, car toute sa destinée était là.

II.

Mon intention n'est point de raconter en détail les combats et les victoires populaires auxquels Sergent prit sa glorieuse part. Je n'écris pas l'histoire : je rassemble des notes pour les historiens ; encore sont-elles destinées simplement à leur faire juger le caractère d'un homme, et non celui d'une époque.

La patriotique énergie et le courage civil dont Sergent fit preuve dès les premiers jours de la Révolution ; sa parole sonore, chaleureuse, abondante, sinon toujours correcte, lui méritèrent, après le 14 juillet, d'être porté au nombre des électeurs du district Mauconseil, qu'il habitait depuis son arrivée à Paris. Il fut en même temps nommé président de ce district. Un peu plus tard, il y remplit les fonctions — alors confondues et gratuites — de juge de paix et de commissaire de police ; car il ne recherchait pas l'agitation pour elle-même ni dans un but d'intérêt personnel : mû par des idées généreuses, il tournait toute son activité vers leur application. C'est ainsi qu'il créa, dans ce populeux quartier Mauconseil, le premier bureau de bienfaisance, philanthropique institution que tous les autres quartiers s'empressèrent d'imiter, et qui s'est heureusement perpétuée jusqu'à ce jour.

Une intrigue électorale enleva cependant à Sergent les fonctions qu'il honorait. On avait répandu contre lui des écrits diffamatoires ; il attaqua ses calomniateurs devant le tribunal du Châtelet, plaida lui-même sa propre cause et la gagna. Les auteurs des libelles furent condamnés à lui faire une réparation publique ; ils durent verser, en outre, une somme de 200 livres dans la caisse du bureau de bienfaisance, et le jugement, rendu sous la présidence de d'Ambray, fut affiché à deux mille exemplaires. — Il est bon de remarquer qu'à cette époque la preuve des faits et les débats contradictoires étaient admis en matière de diffamation.

Le district de Saint-Jacques-l'Hôpital vengea mieux encore le patriote calomnié, en le choisissant pour son président. —Ce fut au nom de ce district que, en août 1790, Sergent se porta le défenseur de trente-six cavaliers du régiment de Royal-Champagne auprès de l'Assemblée constituante et du pouvoir exécutif. Ces militaires, à la suite d'une manifestation patriotique qui avait eu lieu à Hesdin, où ils tenaient garnison, s'étaient vu congédier, sans jugement ni enquête, avec des cartouches infamantes ; et le sous-lieutenant Davoust, — depuis maréchal de France et prince d'Eckmühl, — s'étant prononcé hautement contre cet acte arbitraire, avait été, sur une lettre de cachet, enfermé dans la citadelle d'Arras. Par ses actives démarches, et après une lutte de cinq mois, le président du district de Saint-Jacques parvint à obtenir de l'Assemblée constituante un décret qui relevait les trente-six cavaliers de la dégradation qu'on leur avait injustement fait subir. — A cette occasion, et pour tâcher de l'intéresser à ses protégés, Sergent avait été voir Robespierre, sous la recommandation de Pétion, député du bailliage de

Chartres. C'était la première fois qu'ils se parlaient, ce devait être aussi la dernière. La froideur du tribun, qui n'éprouvait que de l'antipathie pour les militaires, comme s'il eût prévu qu'un soldat dût étouffer un jour la Révolution; sa morgue, ses dédains rendirent l'entretien si âcre, que Sergent se retira profondément blessé; et jamais par la suite, quoiqu'il ait toujours siégé sur les bancs de la Montagne, il n'échangea une parole avec Robespierre. « Cet homme avait une tête, dit-il dans ses mémoires, mais il n'avait pas un cœur. » Sergent eût-il, du reste, oublié sa rancune, qu'en plus d'une occasion l'acerbe Maximilien eût, comme on le verra, pris soin de la lui rappeler. Cela n'empêche pas que la plupart des écrivains, le confondant avec son ami Panis, n'aient fait de lui le secrétaire intime et le seïde aveugle de Robespierre.

Vers la fin de 1790, Sergent fut élu secrétaire de la société des Jacobins, dont il avait été l'un des premiers affiliés, et devint président de la section du Théâtre-Français, autrement dite des Cordeliers. Resté artiste au fond de l'âme, bien qu'il eût, pour la politique, abandonné son burin, il provoqua et fut chargé de présenter à l'Assemblée nationale une adresse tendante à obtenir la libre publication des ouvrages d'art. — Enfin, dans les premiers mois de 1791, les électeurs de la section qu'il présidait le nommèrent officier municipal, et ses collègues de la Commune, ayant bientôt pu apprécier ses qualités administratives et son infatigable activité, lui confièrent le département de la police. On lui adjoignit Panis, Perron et Vignier. A peine investi de cette magistrature importante, dont la mauvaise santé de Panis et l'incapacité des deux autres administrateurs firent retomber sur lui tout le poids, son premier soin fut de rendre le séjour des prisons moins cruel aux malheureux qu'on y entassait déjà; la première pensée de cet homme, que tous les biographes ont dépeint comme un terroriste farouche, fut une pensée de justice et d'humanité. Il ordonna la suppression des cachots souterrains de la Conciergerie, du Châtelet, de la Force; fit agrandir le préau de l'Abbaye, percer des fenêtres, assainir partout les cabanons ; imposa des tarifs aux guichetiers, qui rançonnaient les détenus, et, dans un but de moralité que l'on a compris plus tard, ne cessa de réclamer une prison particulière pour les enfants et les adultes. Ce sont là des faits avérés, incontestables. J'ai sous les yeux le brouillon d'un rapport qu'il présenta, en 1792, au directoire du département sur le régime des prisons de Paris, et sur les améliorations qu'il jugeait utile d'y apporter ; c'est d'un bout à l'autre l'œuvre d'un cœur généreux, d'un esprit philosophe; et si son étendue ne me forçait d'en remettre à un autre lieu la publication, ce serait la réponse la plus péremptoire que je pusse faire aux détracteurs de Sergent [5].

On sait combien la tâche des magistrats de police fut difficile et pénible pendant cette période de troubles qui vit le renouvellement de la législature, la fuite du roi et son arrestation à Varennes, les émeutes causées par la disette, et la déclaration de guerre aux puissances coalisées. Si Panis et Sergent n'y suffirent pas toujours, ce ne fut point le zèle qui leur manqua, ce furent les moyens qui leur échappèrent. — L'histoire impute à leur administration, de connivence avec la municipalité, les événements du 20 juin 1792. Il est au moins certain que la Commune fit peu d'efforts pour les prévenir; mais je n'entreprendrai point d'examiner sa conduite, de la condamner ou de l'absoudre. Ce grand acte politique est un de ceux qui appellent naturellement la controverse, et qu'on peut laisser débattre à l'opinion. Si pourtant il me fallait justifier Sergent de la part qu'il prit à la journée du 20 juin, je dirais que lui, plus que tout autre, par la nature de ses fonctions, était en éveil sur les projets contre-révolutionnaires de la cour; que plusieurs agents secrets du château, parmi lesquels se trouvait Lacroix (d'Anet), avaient tenté même de le faire entrer dans ces projets, et qu'il lui était permis de regarder comme utile une manifestation populaire qui viendrait y apporter obstacle. Dans tous les cas, aucun des témoins entendus par suite de l'enquête qu'ordonna le Département ne déclara que Sergent fût au nombre des officiers municipaux qu'on avait vus, ce jour-là, guidant le peuple aux Tuileries [6]. — Il n'y arriva, en effet, qu'avec Pétion, pour protéger les jours du roi. Et voici le prix qu'il reçut de ce service : le lendemain 21 juin, vers huit heures du soir, le maire de Paris, mandé au château par Louis XVI, allait lui rendre compte de l'état de la ville, accompagné de Sergent et d'un autre officier municipal. Au moment où ils traversaient la cour du Carrousel, remplie de troupes, quelques gardes nationaux du bataillon royaliste des Filles-Saint-Thomas invectivèrent Sergent, et l'un d'eux, l'arrêtant au passage, lui arracha violemment son écharpe. Les officiers du bataillon adressèrent aussitôt des excuses au fonctionnaire outragé, et l'invitèrent à leur désigner le coupable; le conseil du département enjoignit lui-même au procureur-syndic de porter l'affaire devant les tribunaux, mais l'intervention du ministère fit cesser toutes poursuites... Tels sont les faits dans leur exactitude. Ils prouvent peut-être que l'irritation des esprits était grande de part et d'autre, et que les provocateurs ne manquaient point du côté de la cour; mais, à coup sûr, ils ne prouvent rien contre Sergent, et je m'étonne qu'on ait pu lui en faire un grief [7].

L'entretien que Pétion et les officiers municipaux chargés de la police eurent avec Louis XVI, le soir du 21 juin, est connu de tout le monde : on sait quelles paroles amères et peu dignes de la majesté royale la colère dicta au monarque imprudent. Cette circonstance, au dire même de Sergent, acheva de le convaincre de l'impossibilité, depuis longtemps reconnue par d'autres, de concilier jamais les prétentions du peuple et celles de la royauté. Aussi la journée du 10 août le trouva-t-elle tout prêt à se lever et à combattre. — Il dut au courage qu'il montra à la tête des sections armées d'être maintenu dans ses doubles fonctions d'officier municipal et d'administrateur de police, par le comité insurrectionnel qui s'était organisé à l'Hôtel-de-Ville. Ces fonctions acquirent même une importance nouvelle, en ce que les magistrats de police, réduits à deux seulement, furent adjoints au conseil de surveillance de la Commune, et chargés de le présider à tour de rôle.

En sa qualité d'artiste, Sergent avait de plus la mission, importante alors, et qui échut par la suite à David, de régler les fêtes et les cérémonies nationales ; et, chose singulière ! lui, qu'on accusa plus tard du vol d'un misérable bijou, ne fut jamais soupçonné d'avoir rien soustrait des sommes considérables que l'on mettait pour ces occasions entre ses mains ! Il apporta toujours, en effet, dans l'accomplissement de sa tâche un rare désintéressement, et il y déploya toutes les ressources d'un esprit ingénieux et poétique. Ce fut lui qui, par exemple, arrêta les dispositions de l'imposante cérémonie funèbre exécutée dans le jardin des Tuileries en l'honneur des citoyens morts au combat du 10 août, que l'on appelait alors le *massacre de la Saint-Laurent*. Il avait précédemment organisé deux fédérations, et, ce qui peut être regardé comme plus méritoire, donné le plan du cérémonial à suivre pour proclamer solennellement le danger de la patrie, et provoquer les engagements volontaires. Tous les historiens s'accordent à reconnaître que l'appareil dramatique et saisissant dont fut entourée l'exécution de cette grande mesure nationale ne contribua pas peu à la rendre féconde. M. de Lamartine en a retracé les détails dans un style si éclatant, que j'ose à peine en parler après lui ; mais, pour l'honneur de Sergent, je ne puis m'empêcher de le faire.

Tout était combiné de manière à exalter les esprits en frappant vivement les sens [8]. Afin de trouver le peuple tout porté hors de ses ateliers, l'ordonnateur de la cérémonie, d'accord avec le conseil communal, l'avait fixée au dimanche 22 juillet 1792. Dès l'aube du jour, Paris s'éveilla au triple et formidable bruit du canon, des tambours et du tocsin. — La population entière fit irruption dans les rues. — A neuf heures du matin, tous les officiers municipaux, ceints de l'écharpe et le sabre au côté, partirent à cheval de la place de l'Hôtel-de-Ville, et se divisèrent en deux troupes qui prirent des directions différentes. Chacune de ces divisions était précédée et suivie d'un peloton d'artilleurs traînant leurs pièces, et de nombreux détachements de gardes nationales. Au-dessus des rangs, comme au fronton de tous les monuments publics, flottait une bannière aux trois couleurs, où était écrit : *Citoyens ! la Patrie est en danger !* — Huit immenses amphithéâtres, d'un goût sévère et antique, avaient été dressés sur les places principales de la ville. Les bataillons de la garde nationale formaient un large cercle à l'entour ; au pied se tenaient les canonniers. Une tente ornée de banderoles, chargée de guirlandes de feuillage et de couronnes de chêne occupait l'arrière-plan de l'estrade ; de chaque côté s'élevaient des pyramides de boulets, des trophées d'armes et des faisceaux de piques et de drapeaux tricolores ; enfin, une table posée au milieu sur deux tambours servait à recevoir les enrôlements volontaires. Les officiers municipaux, et les notables qui les assistaient dans cette solennité, suffisaient à peine à la tâche. Par les deux escaliers latéraux conduisant à la plate-forme, on voyait monter incessamment, au son de la musique militaire, de jeunes citoyens à qui les bravos de la foule donnaient des imitateurs enthousiastes; et, d'heure en heure, les salves de l'artillerie des quarante-huit sections venaient ébranler le sol, comme pour en faire jaillir de nouveaux défenseurs...

Au bout de huit jours, Paris envoyait au camp de Soissons une première armée de quinze mille hommes [9] !

C'est à regret qu'après cette page sublime de notre histoire, je me vois forcé d'en rappeler une bien lugubre. — J'arrive aux journées de septembre. — Mais ici la matière devient si grave, qu'en continuant de résumer les faits, je craindrais quelque infidélité de ma plume. Je vais emprunter celle de Sergent, et le laisser un instant parler lui-même.

III.

«..... Le comité de surveillance créé par le conseil général insurrectionnel du dix août était composé de quinze membres, dit Sergent dans ses mémoires manuscrits; mais après la prise des Tuileries, une foule de gens armés y amenèrent triomphalement Marat, en déclarant que la volonté du peuple était qu'il y fût installé. Les commissaires eurent la faiblesse de souscrire à cet ordre. Trois seulement votèrent contre l'admission : Réal, depuis conseiller d'État sous Bonaparte, le libraire Renouard et moi, qui avais des motifs particuliers pour repousser Marat. Il m'avait plusieurs fois injurié dans ses placards. C'est cet homme qui, par sa présence, a déshonoré le comité et lui a valu de si nombreuses et de si violentes attaques. La virulence de ses écrits l'a fait justement regarder comme le provocateur des massacres de septembre...

« ..... On a souvent décrit ces déplorables scènes; je n'y ai heureusement pas assisté. Je me bornerai donc à donner les détails officiels que ma place m'a fournis, et à détruire, sans partialité, des mensonges et des erreurs. — Le 1er septembre, on était tranquille dans Paris, et le peuple oisif s'était rassemblé sur la place de Grève pour y voir un homme attaché au carcan. Ce malheureux se plaisait à insulter, dans son langage grossier, la foule des spectateurs. Il ne se borna pas là : il vomit des imprécations contre tous les Français, contre la Révolution, et particulièrement contre les Parisiens, qu'il menaça de la vengeance prochaine des royalistes. La foule, irritée, se précipita sur l'échafaud. Elle allait tuer l'imprudent qui avait soulevé sa colère, lorsqu'une dizaine de membres du conseil-général, qui était en séance publique, se présentèrent pour apaiser le tumulte. Manuel, procureur-syndic de la Commune, conduisait avec ses collègues une troupe de gardes nationales. Ils parvinrent, au milieu des cris de mort qui partaient de tous les points de la place, à arracher l'homme des mains de la multitude. Après quelques débats confus, le procureur de la Commune conclut à ce que ce misérable fût jugé par le peuple, qu'il avait insulté. En conséquence, il créa, sur la place même, un jury pris dans la foule, et fit conduire le prisonnier dans une des salles de l'Hôtel-de-Ville, où se plaça ce tribunal, improvisé par un magistrat sans mission, et qui ne cherchait que la popularité. Les accusateurs furent les témoins ; on se passa de défenseurs. A l'unanimité des voix, l'accusé fut condamné à mort, et pendu sur-le-champ à la fameuse lanterne de la place [10]. — Faut-il chercher ailleurs l'exemple de ce vertige furieux que le peuple montra les jours suivants, et du semblant de justice dont il entoura sa vengeance?

« Les menaces proférées par l'homme dont je viens de

raconter la triste fin ne manquaient pas de fondement, du reste : elles étaient l'écho d'un bruit qui circulait parmi les détenus, et qu'avait sans doute fait naître la nouvelle de nos désastres. Ce jour-là même, il y eut des troubles dans les prisons. Le concierge du Châtelet, Vatrin, accourut me dire : — « Ce matin, un grand tumulte que j'entendis sur » le préau me fit ouvrir ma fenêtre. Jugez quelle fut ma » surprise de voir plus de 200 prisonniers portant des » paquets sous leur bras ou sur leur dos. Ils me crièrent : » *Adieu, patron ! c'est aujourd'hui que nous devons être* » *libres. Faites-nous mettre dehors, si vous ne voulez pas* » *attendre qu'on vienne nous délivrer.* » — Vatrin eut le courage de descendre, et, comme il avait su gagner l'affection des détenus, il réussit, par ses seules exhortations, à les faire rentrer dans leurs chambres. — J'appris qu'une scène pareille s'était passée à Bicêtre, et qu'on avait été obligé de recourir à la force pour calmer les mutins..... »

« ..... Le lendemain, la nouvelle de ces faits se répandit dans la ville. On parlait d'une autre Saint-Barthélemy que méditaient les royalistes..... Les esprits s'exaspéraient, et ce fut au milieu de l'agitation universelle que le conseil général de la Commune fit publier par ses commissaires la proclamation suivante :

« Citoyens ! l'ennemi est aux portes de Paris ; Verdun, » qui l'arrête, ne peut tenir que huit jours. Tous les citoyens » qui défendent le château ont juré de mourir plutôt que de » se rendre ; c'est vous dire que, quand ils vous font un » rempart de leurs corps, il est de votre devoir de voler à » leur secours. Citoyens ! aujourd'hui même, à l'instant, » que tous les amis de la liberté se rangent sous les dra- » peaux ! Allons nous réunir au Champ-de-Mars ; qu'une » armée de 60,000 hommes se forme sans délai ; et mar-

» chons aussitôt à l'ennemi, ou pour tomber sous ses coups,
» ou pour l'exterminer sous les nôtres ! »

« Danton, alors ministre de la justice, harangua le peuple au Champ-de-Mars dans un discours des plus véhéments. Il cria : *Aux armes !* la foule répondit à ce cri ; le canon d'alarme fut tiré sur le Pont-Neuf, et la générale battue dans toutes les sections. Les fédérés de Brest et de Marseille se répandirent à travers les rues en appelant les citoyens aux frontières. Ce fut en ce moment que quelques nouveaux enrôlés firent entendre ces paroles : « D'autres » Prussiens sont dans nos murs. Lorsque nous serons » partis, on leur ouvrira les prisons ; ils égorgeront nos » femmes, nos enfants, sans défense. Point de quartier à » nos ennemis ! Aux prisons, citoyens ! aux prisons ! » — Il était quatre heures du soir. Six voitures escortées par des gendarmes et des gardes nationaux fédérés traversaient la rue Dauphine. Elles menaient à l'Abbaye des prêtres arrêtés à la barrière, fuyant sans passe-ports. C'était un dimanche ; aussi une populace nombreuse suivait et entourait les voitures. On dit — je ne puis affirmer le fait — que ces prisonniers imprudents commencèrent par invectiver le peuple. Qu'ils eussent ou non fourni ce prétexte aux égorgeurs, ils n'entrèrent pas à l'Abbaye : on les immola tous devant la porte [11]. Les fédérés, qui conduisaient le mouvement, furent bientôt maîtres de la prison, et se mirent en devoir d'accomplir ce qu'ils appelaient *la vengeance du peuple.....* »

« ..... La garde nationale, appelée par l'autorité, refusa de se réunir. Le commandant Santerre vint l'annoncer à Pétion. Des colonels, des officiers, confirmèrent ce refus. La gendarmerie, au lieu de prêter main-forte, se joignit aux fédérés, et participa aux exécutions jusqu'à la fin. Six commissaires envoyés par l'Assemblée législative furent obligés de se retirer pour garantir leur propre existence..... »

Cet exposé préliminaire des événements écrit par Sergent à plus de quarante ans de là, et dont je ne retranche que d'insignifiants détails, est en tous points conforme aux relations du *Moniteur* et des autres journaux de l'époque. — Après avoir réfuté quelques versions contraires, le vieux conventionnel reprend ainsi sa narration :

« ..... J'étais, ce jour-là, sorti de Paris le matin, et je n'y rentrai que sur les sept heures du soir. J'appris ce qui se passait près du carrefour de Bussy. Je m'empressai de me rendre à la mairie, située alors sur le quai des Orfèvres, où est aujourd'hui la préfecture de police. Je trouvai la cour remplie de peuple. On allait y massacrer un homme accusé d'avoir crié sur le quai : *Vivent les Prussiens !* Il avait déjà le délire de la mort. J'empêchai qu'on ne l'égorgeât, en le faisant enfermer au corps-de-garde. La troupe qui protégeait la mairie était faible ; j'y appelai une compagnie du bataillon de ma section, quoique les membres du comité de surveillance n'eussent pas le droit de donner des ordres à la garde nationale. — La peur avait saisi les commissaires, et, dans la crainte qu'on ne se portât à la mairie, au dépôt de la police, où se trouvait un certain nombre de détenus, ils les avaient évacués sur la Conciergerie, le Châtelet et la Force, ignorant que ces prisons fussent elles-mêmes envahies ! — Les concierges de ces établissements, auxquels on n'avait pu envoyer de renforts, ne cherchaient plus de défense que dans leurs propres ressources. Toutes les autorités agissaient isolément. Pétion courait de la Force à l'Assemblée. Le procureur de la Commune, Manuel, et le substitut, Billaud-Varennes, étaient, l'un aux Carmes, l'autre à l'Abbaye. Manuel, ennemi connu des prêtres, ne pouvait guère les protéger dans cette circonstance ! Le conseil général, composé d'hommes nouveaux, était présidé par un nommé Lubin, jeune peintre, élève de David, pauvre artiste et plus pauvre administrateur. C'était à faire pitié. On attendait les nouvelles, on discutait, et l'on ne décidait rien.

» Notre comité de surveillance en était à peu près au même point. J'assistais rarement à ses réunions, surtout depuis que les principaux de ses membres, Réal, Renouard, Lanthenas et quelques autres, en étaient sortis pour occuper des fonctions diverses [12]. Ceux qui les avaient remplacés étaient sans aucune capacité et tout dévoués à Marat, ou, par des raisons différentes, ne possédaient pas ma confiance. Panis, le plus honnête homme de tous, était ami ou plutôt idolâtre de Robespierre, qu'il allait voir tous les matins, comme pour prendre le mot d'ordre. Il parlait beaucoup, mais sans résoudre les questions que l'on posait..... Quoi qu'il en soit, je puis affirmer que le conseil de surveillance ne donna, moi présent, ni même à ma connaissance, aucun ordre relatif aux massacres, et que Danton n'y parut point dans les premiers jours de septembre. Tout ce que je puis dire de ce dernier, c'est qu'un jour, quelqu'un lui reprochant devant moi d'avoir été le provocateur des égorgements, il répondit : — « Je pense, comme vous, que » des événements pareils sont affligeants, et nous ramèneraient à la barbarie des premiers âges ; cependant » celui-ci nous a peut-être préservés de plus grands malheurs, car il a causé la fuite du roi de Prusse et de son » armée...... »

«..... Je m'étais établi au comité, qui avait besoin de moi pour faire agir ces hommes utiles, mais généralement peu estimables, dont la police se sert, lorsque, vers dix heures du soir, une voiture escortée par des gardes nationaux amena trois prêtres déguisés en bourgeois et portant des favoris postiches. On les avait arrêtés à l'une des barrières de Paris. C'était trois chanoines du Midi. L'un d'eux s'appelait l'abbé d'Autichamp; son frère, ex-constituant et contre-révolutionnaire très-prononcé, était général commandant le camp des insurgés à Jalès. — Les deux autres prisonniers avaient des noms obscurs. — L'abbé d'Autichamp, en raison du sien, se regardait comme voué à la mort. Un des commissaires lui dit : « Vous avez un faux » passeport, vous êtes suspect ; votre vrai nom vous ac- » cuse, d'ailleurs; nous devons vous faire conduire en » prison. — Et dans quelle prison m'enverrez-vous, Mon- » sieur, où je ne doive pas trouver de bourreaux?... Le » nom que je porte prouve-t-il que je partage les opinions » de mon frère ; et, parce que la naissance me l'a donné, » ai-je mérité la mort? » — On se regarda. Je proposai de le détenir comme suspect, mais dans un lieu où il ne courût aucun danger. Une idée m'était venue; les gardes nationaux qui avaient arrêté ces prêtres étaient sous les ordres d'un nommé Ozanne, huissier au tribunal de cassation, et qui, en 1790, avait exercé la même charge près le corps électoral. Je le connaissais comme un patriote sûr, et je lui proposai de garder dans sa propre maison ces détenus, bien capables de l'indemniser de son hospitalité, jusqu'à réquisition des administrateurs de la police. Ozanne y consentit, et signa, avec les trois prisonniers, le procès-verbal d'arrestation et l'engagement d'honneur que j'exigeai d'eux; après quoi, pour leur faire traverser sans inconvénient les différents postes qui entouraient la mairie, je les accompagnai jusqu'à l'entrée de la rue de la Monnaie, où demeurait l'huissier Ozanne.

» En revenant au comité, j'eus une autre satisfaction. Un des guichetiers de l'Abbaye m'attendait avec un billet de Lavaquerie, le concierge de cette prison. C'était la réponse à une recommandation ou plutôt à une prière que je lui avais adressée par l'intermédiaire d'un de mes agents. Lavaquerie m'annonçait qu'il était parvenu à sauver le marquis de Lally-Tollendal en lui faisant franchir le mur du jardin de l'Abbaye, et lui indiquant les moyens de passer au-delà. Il se proposait de déclarer que, depuis trois jours, ce détenu avait été mandé à la Commune, si l'on s'enquérait de lui en trouvant son nom sur le registre des écrous. — Le marquis de Lally-Tollendal était, à l'époque du 2 septembre, le seul prisonnier qui fût enfermé par mon ordre. — Au commencement du mois d'août, il avait été arrêté à Paris sous un faux nom, et se disant marchand de bœufs. Il a, depuis, avoué qu'il était alors venu dans l'intention d'enlever le roi, et de le conduire, d'accord avec Lafayette, à l'armée que celui-ci commandait sur les frontières du Nord. Le lieutenant-général comte de Lally, son père, ancien gouverneur de Pondichéry, avait eu la tête tranchée comme concussionnaire, sous le règne précédent; mais, outre que toutes les formes de la procédure avaient été violées à son égard, on crut généralement qu'il avait péri victime d'une intrigue de cour. Le marquis de Lally, amené devant le comité que je présidais, et reconnu aussitôt par plusieurs de mes collègues, ne chercha pas à nier son identité. Il plaida, avec cet art et cette éloquence qui l'avaient fait admirer même à côté de Mirabeau, la cause de la liberté individuelle. Je lui répondis en substance que la loi, dont j'étais l'un des organes, le condamnait comme émigré repris sur le territoire français, avec un faux passeport, et dans un moment où la cour se montrait plus que jamais hostile au peuple. Puis je lui reprochai de trahir, pour les intérêts de cette cour, ceux de la nation française, dont les cris d'indignation, en se confondant avec les siens, avaient fini par amener la réhabilitation de son père. Je lui exprimai cette pensée en termes, sinon brillants, du moins, je crois, vrais et sentis. Le marquis s'approcha de moi, me prit la main et me dit en la posant sur son cœur : — « Vous » m'avez frappé là, Monsieur; ordonnez, j'obéirai. » Puis il retourna se placer au milieu des gardes. — « Mon avis » est que vous soyez conduit à l'Abbaye », lui dis-je. Mes collègues se rangèrent unanimement à cette opinion. Je rédigeai le mandat et j'en fis ensuite lecture au marquis, lui observant que je ne le rendais justiciable que de la police, en mettant pour motifs de sa détention : *Faute de papiers en règle*. Je lui promis, en outre, qu'il ne resterait pas longtemps à l'Abbaye. Il salua, et les gardes l'emmenèrent. »

A l'appui du fait que Sergent rapporte là, je citerai une preuve que le hasard m'a fournie. En feuilletant une collection de portraits d'hommes illustres, j'en ai dernièrement trouvé un du marquis de Lally-Tollendal auquel était joint le *fac-simile*, en lithographie, d'une lettre écrite par cet ancien constituant de la prison même de l'Abbaye, en date du 29 août 1792. On lit dans cette lettre le passage suivant : « ..... J'ai été content des formes du comité de l'Hôtel-de-Ville à mon égard. S'il me tient parole, il aura agi envers moi avec loyauté..... On vous enverra ma lettre de ce comité même..... » Si le président du conseil de surveillance n'est pas désigné personnellement dans ces lignes, au moins son éloge y est-il fait d'une manière implicite.

« Au milieu de la nuit, j'appris, continue Sergent, la délivrance de l'ancien gouverneur des Invalides, Sombreuil, sauvé par le dévouement et les héroïques instances de sa fille. Ce vieillard avait été conduit à l'Abbaye sous un mandat du tribunal du Dix-sept août, et mis au secret le plus rigoureux. Mlle de Sombreuil s'était adressée à Pétion, pour solliciter de lui l'autorisation de voir son père ; mais Pétion, que le service des prisons ne regardait pas, m'avait renvoyé cette jeune personne. Je fus forcé de lui dire qu'un détenu mis au secret ne pouvait recevoir aucune visite, et qu'il lui fallait attendre, pour obtenir la permission qu'elle réclamait, que l'information commencée contre son père fût terminée. A ce mot : *attendre !* elle éclata en sanglots, et se jetant à mes genoux, me supplia de la manière la plus touchante. Ému de sa douleur, je cherchai les moyens de satisfaire sa piété filiale, et n'en trouvai qu'un seul qui mît à couvert ma responsabilité : c'était qu'elle consentît à s'enfermer avec M. de Sombreuil pendant tout le temps qu'il serait tenu au secret. Elle adopta ce moyen extrême sans hésiter une minute, et en me rendant grâce de le lui avoir offert. — Il y avait huit jours qu'elle était à l'Abbaye quand le massacre commença. — Je n'ai rien à dire de son triomphe pendant cette horrible nuit : tous les historiens en ont parlé. Il a été question d'un verre de sang qu'on lui aurait présenté, qu'on l'aurait même forcée de boire. Cela m'a paru si atroce et si contraire, d'ailleurs, à la brillante ovation dont elle fut l'objet, que je n'en ai pas cru un seul mot. J'ai pris, à cet égard, bien des informations, et je n'ai jamais obtenu d'autres réponses que celles-ci : — « Je » l'ai lu — Cela s'est dit..... »

On voit déjà par ces extraits, que je tire un peu au hasard des nombreuses notes laissées par Sergent, quelle fut son intervention dans les événements de septembre. — Pour démontrer que le souffle de la Révolution n'avait pas éteint dans son cœur les sentiments d'humanité, je pourrais, sans interroger davantage ses souvenirs, faire parler ici des voix reconnaissantes; car il en est plus d'une qui consola son exil. — Durant sa carrière politique, il protégea contre les fureurs de la rue, arracha des prisons ou sauva de l'échafaud, outre les personnages que l'on connaît déjà, le conseiller Duval d'Épréménil, qui périt malheureusement plus tard; les jeunes émigrés de la Ferrière et de Vilgom-Blain, l'avocat Morizet, le savant abbé Barthélemy, qu'il avait connu chez Augustin de Saint-Aubin, et qui fut son collègue à la commission conservatrice des monuments des arts; les peintres Berley et Hubert Robert, le marquis Pèze de Courtarvel, les vaudevillistes Barré, Radet et Desfontaines, le comédien Larive et M. Hippolyte de Châteaugiron, aujourd'hui consul de France à Nice. — Je ne cite que les noms échappés de la plume des accusateurs même de Sergent [15]. Parmi ceux qu'ils ont oubliés, je signalerai le nom de son illustre beau-frère, le général Marceau.

Il n'est qu'une pièce historique, une seule, qui, s'il fallait l'accepter sans commentaire, mériterait à Sergent le titre de *septembriseur* : c'est la circulaire apologétique des massacres émanée du comité de surveillance, et au bas de laquelle se trouve sa signature. Mais, si le lecteur veut prêter attention à la suite de cette notice, j'allais dire de ce plaidoyer, j'ai la confiance intime qu'il ne condamnera pas Sergent.

IV.

Je vais transcrire encore quelques passages de ses mémoires.

« ..... A trois heures du matin, je revins au comité, qui était toujours en séance. A peine avait-on des rapports officiels de ce qui se passait. Nos agents de police, envoyés les uns après les autres, et successivement retenus par le peuple, n'avaient plus reparu; les relations nécessaires avec l'assemblée de la Commune étaient interrompues;

partout il y avait confusion, anxiété..... Vatrin, le respectable concierge du Châtelet, vint nous dire : « — Messieurs, » je n'ai plus personne à garder; il ne reste que des ca- » davres dans la prison ! » En voyant notre stupeur, il ajouta : « — Tranquillisez cependant vos cœurs : je n'avais » aucun détenu politique ; tous mes prisonniers étaient » soumis aux tribunaux criminels, et la plupart déjà repris » de justice. Le peuple en a libéré une vingtaine des moins » coupables. Je suis entré en passant à la Conciergerie ; » les massacres s'y continuent..... J'attends vos ordres. » — Je m'écriai qu'il fallait d'abord inviter la Commune à faire enlever les cadavres et disparaître toute trace des égorgements, attendu que le sang versé ainsi appelait d'autre sang, et que, si les prisons n'étaient pas nettoyées au plus tôt, nous livrerions à la mort tous ceux qui y seraient envoyés. L'administration de la police n'avait pas de fonds pour cette dépense; mais la Commune ayant pris sur elle les frais de l'opération, nous fîmes afficher, le jour même, dans toutes les sections, un avis à ce sujet..... »

Sergent commet ici une erreur de date ; je dois la relever, quoiqu'elle soit légère. Ce fut le lendemain (4 septembre) seulement que parut l'avis dont il parle — et que voici :

« Au nom du peuple.

» Mes camarades, il est enjoint de faire enlever les corps morts, de laver et nettoyer toutes les taches de sang, principalement dans les cours, chambres, escaliers de l'Abbaye. A cet effet, vous êtes autorisés à prendre des fossoyeurs, charretiers, ouvriers, etc.

» A l'Hôtel-de-Ville, le 4 septembre.

» *Signé :* Panis, Sergent, *administrateurs ;* Méhée, *secrétaire-greffier.* »

Les dépenses occasionnées par ce travail figurent dans les comptes du trésorier de la Commune. et ont été injustement attribuées au salaire des égorgeurs. On ne trouve, en réalité, dans ces comptes, publiés par MM. Buchez et Roux et par divers écrivains royalistes, qu'une somme de 48 livres affectée à l'emploi dont il s'agit; elle fut payée sur un mandat de trois commissaires requis de le délivrer, par la section des Sans-Culottes, à quatre individus que cette section avait délégués pour l'*expédition* des prêtres du séminaire de Saint-Firmin [14]. C'est là une exception qui ne résout pas le difficile problème de savoir si la Commune organisa les massacres et en rémunéra les exécuteurs.

Sergent dit à ce propos dans une de ses notes : « Les gendarmes qui s'étaient joints, dès le premier jour, aux fédérés, osèrent se présenter chez le ministre de l'intérieur Roland, afin d'être payés. Il les renvoya à la Commune. Dans quel but? On a pu le deviner plus tard par son acharnement à la dénoncer, ce qui a amené le coup d'état du 31 mai, la première atteinte portée à la représentation nationale. Ces gendarmes vinrent à la police. J'étais seul avec Marat, qui attendait les membres du comité. Ils s'adressèrent à moi en me présentant un certificat signé : *Maillard*. Je les chassai avec colère en leur disant : « — Vous, militaires, » salariés pour prêter force à la loi, vous avez l'audace de » venir réclamer d'un magistrat le prix des égorgements » dont vous êtes coupables!... Sortez sur-le-champ! » Marat leur répéta ce même ordre. Était-ce de bonne foi? [15] »

Mais revenons à la nuit du 2 au 3.

« ..... Après cette proposition (relative au nettoiement des prisons), j'en fis une autre à mes collègues, reprend Sergent. Je leur exposai que les terribles événements dont Paris était en ce moment le théâtre allaient être connus de toute la France; que des journaux, les uns mal informés, les autres malveillants, en porteraient la nouvelle dans les provinces et à l'étranger, de manière peut-être à calomnier les amis de la Révolution en les faisant regarder comme des bêtes féroces, et qu'il importait qu'une voix officielle se fît entendre au plus tôt. En conséquence, je proposai d'adresser aux municipalités des départements une proclamation où les massacres et leurs véritables causes seraient fidèlement relatés. Tous les commissaires approuvèrent cette motion. Quelques uns se mirent à rédiger, d'après mon discours, des projets de circulaire; j'en entendis la lecture; je recommandai, pour la rédaction définitive, noblesse, vérité, point d'exagération, et, comme j'avais d'importantes occupations de police municipale; que, de plus, je devais régler les comptes de la cérémonie funèbre exécutée en l'honneur des citoyens morts le 10 août, je remontai travailler seul dans la chambre que je m'étais fait préparer à la mairie, et où je couchais dans les cas urgents. Je me mis au lit presque au jour pour prendre un peu de repos. Or, voici ce qui se passa au comité après mon départ; je ne l'appris que par la révélation que m'en fit plus tard le secrétaire Garnerin. La circulaire, amendée, corrigée et *signée des présents*, allait être envoyée à la Commune, pour qu'elle la fît imprimer par le typographe de la municipalité, lorsque Marat fit une observation qui ne manquait pas de justesse. Il dit que cela entraînerait des longueurs; que la Commune voudrait sûrement examiner cet écrit, y demanderait peut-être quelques changements; et quand serait-il remis à l'imprimeur de la ville? Afin d'éviter tout retard, l'*Ami du peuple* proposa de faire composer et tirer la circulaire par ses propres ouvriers, promettant de remettre, le soir même, à la poste le nombre d'exemplaires voulu pour les quatre-vingt-trois départements. La chose lui était d'autant plus facile, qu'à la suite du 10 août, il avait, avec l'aide de ses affidés, enlevé de l'imprimerie nationale trois presses et les caractères qui les servaient; acte de violence qu'avait, il faut bien le dire, sanctionné la Commune. Le 3 au soir, en effet, Marat fit porter à l'hôtel du ministre de la justice, qui était Danton, quatre-vingt-trois petits paquets sous bande, adressés aux directoires des départements. L'envoi fut fait sous le sceau du ministre par l'intermédiaire de Fabre d'Églantine et de Camille Desmoulins, tous deux amis de Danton, et qui remplissaient près de lui l'office de secrétaires.

» Quand je me rendis le lendemain au comité, on m'apprit que la circulaire était envoyée, mais on en chercha vainement un exemplaire pour me le donner. Peu m'importait, du reste ; il me suffisait de savoir que le but était rempli..... Préoccupé par mes fonctions administratives et, en même temps, par mes devoirs d'électeur, je ne songeai plus à cette circulaire. — Je n'en entendis reparler que le jour où Vergniaud, incriminant Robespierre, la lut à la tribune de la Convention nationale (séance du 25 septembre 1792), comme un pièce accusatrice contre lui ou plutôt contre la Commune, dont il faisait partie. Elle contenait, à ma grande surprise, l'apologie des massacres, que l'on y recommandait même comme moyen de salut public..... Je protestai aussitôt que je n'avais point signé cet écrit, quoique mon nom s'y trouvât apposé, et j'affirmai que je ne le connaissais que par la lecture qui venait d'en être faite. Les journaux du temps mentionnèrent ma déclaration, et publièrent aussi, comme pour lui donner plus de force, une lettre de Duplain et d'un autre administrateur, qui, bien qu'absents du comité dans la nuit du 2 au 3, avaient été également portés comme signataires..... [16] »

La réclamation spontanée de Sergent a été recueillie, en effet, par la plupart des journaux de l'époque, et quelques biographes, sans y attacher l'importance qu'elle mérite, ont eu, du moins, la conscience d'en parler. Le *Moniteur* lui-même indique l'interruption ; je dis qu'il ne fait que l'indiquer, car il met dans la bouche de Sergent une dénégation articulée au même instant par Robespierre, comme le démontrent la suite du discours de Vergniaud et les comptes-rendus comparés des autres feuilles publiques [17]. — Je signale aux historiens cette erreur de rédaction.

Que maintenant la circulaire eût été arrêtée par quelques membres du comité dans les termes de sa publication, ou, ce qui paraît plus certain, que Marat, dont un scrupule n'arrêtait pas la plume, en eût changé l'esprit avant de la mettre sous ses presses, toujours est-il que Sergent ne l'avait point signée. Il ne cessa de répudier la part qu'on l'accusait d'y avoir prise ; en toute occasion, il renouvela hautement ses protestations premières ; et lorsque, en 1797, le Directoire ordonna des poursuites contre les auteurs et les provocateurs des massacres de septembre, il accourut du fond de la Suisse, où il était alors, se mettre à la disposition de la justice française, pour faire constater juridiquement son innocence. Les archives du tribunal criminel de la Seine en portent le témoignage irrécusable : la lettre qu'il écrivit au président de ce tribunal prouve qu'il ne craignait rien pour sa conduite passée.

« Quand Duplain et moi, dit-il, nous reprochâmes à Marat l'abus qu'il avait fait de notre nom, il répondit en nous montrant, sur les registres du conseil, un arrêté réglementaire pris, en 1791, par Panis, Vignier, Perron et moi ; cet arrêté portait que tout imprimé émanant de l'administration de la police serait publié sous le nom des quatre administrateurs, un seul d'entre eux eût-il signé à l'original. « —J'ai, » nous dit-il, suivi la règle établie par vous-mêmes..... »

Je ne pouvais disculper Sergent de la complicité qu'on lui a si souvent attribuée dans les *septembrisades* sans m'étendre un peu sur ces déplorables événements. D'autres détails qui le justifient d'y avoir participé viendront à leur place dans ce récit de sa vie tourmentée. Je dois dire cependant encore, avant de passer outre, que ce fut lui qui provoqua et reçut mission de rédiger l'adresse publiée par le conseil général de la Commune, à la suite des journées de septembre [18], et le conciliant esprit répandu dans cette proclamation s'accordait bien mal avec la circulaire terroriste du comité de surveillance. On ne concevrait pas que le rédacteur de l'une eût pu être le signataire de l'autre.

Le conseil général, dont la majorité tenait au parti girondin, suspendit le comité de surveillance, par un arrêté en date du 18 septembre, et Sergent dut résigner ses fonctions de magistrat de police, qui dépendaient de ce comité. — Il les avait occupées durant plus de dix-huit mois. — Avant de quitter l'administration, il eut le bonheur de faire retrouver le précieux diamant historique connu sous le nom du *Régent*, et qui avait été volé au Garde-Meuble, dans la nuit du 16 au 17 septembre, avec une foule d'autres objets d'une valeur inestimable. Les circonstances qui lui permirent de rendre ce service à l'État sont assez curieuses pour que je les rapporte ici. — Vers la fin du mois d'août 1792, pendant une de ses visites d'inspection à la Conciergerie, Sergent trouva au fond d'un cachot un homme condamné à mort comme fabricateur de faux assignats. En apprenant la qualité du personnage que l'on amenait devant lui, cet homme, dont la barbe était depuis longtemps restée inculte, se jeta aux pieds de Sergent, lui demandant comme une grâce suprême de permettre qu'il fût rasé, le jour où il serait conduit au supplice. C'était un ancien coiffeur nommé Lamiévette, que préoccupaient, ainsi qu'on le voit, les souvenirs de son premier état. Il ne voulait pas, disait-il, avoir l'air d'un scélérat de profession lorsqu'il irait à l'échafaud. Sergent lui accorda la faveur qu'il réclamait avec tant d'instance, et s'éloigna sans plus songer à cet incident. — Il était à son bureau, deux jours après le vol commis au Garde-Meuble, quand une vieille femme, une mulâtresse, vint lui dire mystérieusement qu'une personne par qui elle était envoyée offrait d'indiquer l'endroit où le Régent avait été déposé par les voleurs ; mais que cette personne, se trouvant sous le coup d'un jugement, voulait avoir l'assurance de n'être pas inquiétée en se présentant elle-même à la police. Sergent donna un sauf-conduit pour le révélateur, et, le soir même, guidé par celui-ci, il retrouva le précieux joyau caché derrière une poutre dans une maison de la Cité. Or, le révélateur en question n'était autre que Lamiévette, le condamné de la Conciergerie, qui avait par hasard échappé aux massacres, et prouvait sa reconnaissance à Sergent — du moins suivant son dire — en lui livrant un secret qu'il tenait d'anciens camarades de prison [19]. Je ne sais si cet homme fut repris plus tard ou s'il disparut tout à fait ; mais la mulâtresse obtint, quelques années après, une récompense nationale pour avoir aidé à la découverte du riche diamant volé au Garde-Meuble.

L'administration de la police n'était pas encore enlevée à Sergent, que les électeurs de Paris confiaient à son patriotisme un plus glorieux mandat. Il avait brigué l'honneur de les représenter à la Convention nationale, et sa candidature avait, dès l'abord, réuni de nombreux suffrages. — Marat, dans ses placards, Robespierre, dans son journal et à la tribune des Jacobins, s'étaient vivement opposés à sa nomination ; ils le rangeaient au nombre des *patriotes suspects*, des *révolutionnaires hypocrites*, soit parce qu'il n'avait pas voulu s'inféoder à eux, soit que l'amitié qui le liait à Pétion, son compatriote, ne leur présageât en lui qu'un assez tiède auxiliaire. A l'assemblée électorale, ils le firent attaquer par un frère de Santerre avec un acharnement inexplicable. — Combien de discordes fatales ne devaient pas amener les défiances de ces esprits ombrageux !

Mais Sergent avait donné trop de gages à la Révolution pour que son dévouement et sa sincérité pussent être mis en doute. Le peuple le connaissait depuis longtemps déjà : il l'avait vu, comme homme d'action, marcher dans ses rangs à la prise de la Bastille et à l'assaut des Tuileries ; en qualité d'artiste, organiser ses grandes fêtes commémoratives, et, à titre de magistrat, exécuter une foule de mesures qui exaltaient le patriotisme ou flattaient l'opinion, telles que le licenciement de la garde du roi et la proclamation du danger de la patrie ; — aussi les électeurs inscrivirent-ils son nom parmi les dix premiers sur la liste des vingt-quatre députés de Paris à la Convention. Et, dès le jour où il entra dans cette assemblée, Sergent, malgré l'opposition qu'il avait rencontrée chez Robespierre et quelques-uns de ses amis, alla s'asseoir avec eux au sommet de la Montagne ; car, si son cœur trouvait des sympathies sur les bancs de la Gironde, sa raison lui disait qu'il fallait chercher plus haut l'esprit du patriotisme et le génie de la Révolution.

V.

Énumérer tous les actes politiques auxquels il s'associa ou dont il prit l'initiative comme membre de la Convention nationale, ce serait écrire l'histoire même de cette immortelle assemblée, depuis son ouverture jusqu'à la dispersion des derniers débris de la Montagne. Je rappellerai seulement les plus importants de ces actes ou ceux que mon sujet m'oblige à faire connaître. — La troisième législature révolutionnaire s'inaugura, comme on sait, le 21 septembre, et proclama immédiatement l'abolition de la royauté en France. Dès la séance du 22, à propos du renouvellement, par voie d'élection, de la magistrature judiciaire, Sergent prit la parole pour appuyer la demande d'extension illimitée du cercle des éligibles. « Quand il s'agit de déclarer des vérités gravées dans tous les cœurs, il n'est pas besoin, dit-il, de renvoyer la question à un comité; or, il est vrai qu'on doit laisser le peuple choisir indistinctement tous ceux qu'il juge dignes de sa confiance. Si dans la République il existe des hommes de loi dont il se défie, pouvez-vous le forcer à les choisir? » L'assemblée admit le principe, et ne renvoya au comité législatif que pour les moyens d'exécution. — Dans la même séance, Sergent émit le vœu qu'une statue colossale de la Liberté fût élevée au milieu du jardin des Tuileries. On érigea, peu de temps après, cette figure sur la place de la Révolution. L'artiste-législateur devait faire naturellement plus d'une proposition de ce genre: ainsi, l'année suivante, à l'occasion d'un rapport de Chénier sur l'instruction publique, il demanda l'érection d'un monument à la gloire de Jean-Jacques Rousseau, ce qui fut décrété sur-le-champ[20]. Nommé, dès les premiers jours de la session législative, l'un des inspecteurs de la salle de la Convention et du palais des Tuileries, il rendit, à ce titre, de nombreux et utiles services : ce fut lui qui fit placer la grande horloge de Lepaute au fronton du château, et qui ordonna les travaux d'embellissement exécutés dans le jardin par l'architecte Gisors; sous sa direction, de nouvelles entrées furent ouvertes, les quinconces replantés, les parterres entourés de grilles; le nombre des orangers s'augmenta de moitié et celui des statues presque du double. Sergent montra, pour la conservation de ces derniers et précieux ornements, la plus constante sollicitude : au nom du comité d'instruction publique, qui le compta longtemps parmi ses membres, il provoqua des mesures répressives très-sévères contre quiconque mutilerait ou dégraderait les œuvres de sculpture exposées dans les jardins nationaux [21]. En plusieurs autres circonstances non moins importantes, il servit encore de son zèle et de sa parole les intérêts sacrés de l'art; mais, pour le moment, je dois le suivre sur le terrain de la politique.

La Convention était réunie depuis quelques jours à peine, quand le représentant Kersaint se leva pour réclamer une loi spéciale contre les provocateurs au meurtre. Sergent fut du nombre des députés qui combattirent cette motion, et l'on en a fait un sujet de récrimination contre lui. Pourtant, aux yeux des esprits non prévenus, il n'avait pas tort, ce semble, d'en référer à la législation existante, et de dire qu'il ne dépendait que des tribunaux de l'appliquer. « Un des plus grands caractères de la dignité nationale, observait-il, c'est de ne pas multiplier les lois [22]. Je ne rappellerai point les considérations de localité ; mais je dirai que ce qui doit faire cesser l'anarchie dont on se plaint, c'est votre décret qui abolit la royauté ; c'est la loi par laquelle vous avez mis sous la sauvegarde de la nation les personnes et les propriétés ; c'est enfin le renouvellement des tribunaux. » Mais cela ne suffisait pas au royaliste Kersaint ; il invoquait contre les désordres du moment des mesures, si je puis dire, ultrà-légales, — armes funestes entre les mains de tous les partis, et dont la Convention ne devait que trop user plus tard.

Le 15 octobre, Sergent, de concert avec Manuel, fit voter la suppression de la croix de Saint-Louis, et, le mois suivant, il se joignit à La Révellière-Lépeaux pour solliciter un décret promettant l'appui de la nation française à tous les peuples qui voudraient recouvrer leur liberté. — Vers le même temps, il fut nommé, avec David, Guyton-Morveau, Barrère et Dussaulx, membre de la commission conservatrice des monuments des sciences et des arts, où l'appelaient ses connaissances spéciales et des antécédents qu'il n'allait pas démentir [23]. Un certain nombre d'électeurs de Paris, malgré son titre de représentant, qui lui interdisait toute fonction administrative, le choisirent aussi pour leur candidat, lorsqu'il s'agit d'élire un maire en remplacement de Pétion, qui avait résigné cette lourde charge [24]. Je rapporte le fait comme une preuve de la popularité que l'ancien magistrat de police s'était acquise, et du degré de confiance qu'il inspirait. — Absorbé par les travaux intérieurs de trois comités différents, Sergent se fit rarement entendre à la Convention pendant les deux derniers mois de 1792. Il ne prit la parole que dans les débats relatifs à la mise en accusation de Louis XVI : une première fois, pour demander qu'on inventoriât les archives du Parlement, où, suivant Pétion et lui, devait se trouver une protestation de l'ex-roi contre tous les décrets qu'il avait sanctionnés ; et, plus tard, pour signaler des faits de corruption à la charge de ce prince et de ses ministres. Il indiquait assez par là quelle était sa conviction, et quel jugement sévère il se disposait à porter contre Louis. Dans le grand procès qui fixa le destin du monarque déchu, il vota, en effet, pour la mort, sans appel au peuple et sans sursis, — acte politique dont cinquante ans d'exil et de calomnies ne devaient point le faire repentir. Quand, du haut de la tribune, les députés de Paris laissèrent tomber, comme un écho monotone, le mot suprême et terrible, voici dans quels termes Sergent s'exprima lui-même :

« J'ai déjà prononcé la mort contre les ennemis de ma patrie, contre ceux qui avaient pris les armes pour la combattre. J'ai fait plus : j'ai prononcé la même peine contre des êtres faibles qui n'avaient commis peut-être d'autre crime que celui de suivre à l'étranger leur époux ou leur père. Depuis longtemps, j'étais convaincu des crimes de Louis. Un de mes collègues a dit qu'un roi mort, ce n'est pas un homme de moins; je ne suis pas de son avis, et je pense que le supplice d'un roi ne peut qu'étonner l'univers. La tête d'un roi ne tombe qu'avec fracas, mais son supplice inspire une terreur salutaire. Après avoir balancé tous les dangers, il m'a été démontré dans ma conscience que la mort de Louis était la mesure d'où il en pouvait résulter le moins. Je vote donc pour la mort, et contre le chef, et contre ses complices. »

A quelque opinion qu'on appartienne, on doit convenir que ces paroles étaient d'un homme qui mesurait toute la portée de son action, et qui prononçait la peine la plus sévère, non par haine ou par vengeance, mais par une nécessité à lui démontrée, mais en croyant remplir un devoir. S'il se trompait, ce que la politique hésite à dire, c'était avec la majorité de ses collègues [25], avec le peuple de Paris, et l'on peut ajouter sans crainte avec la moitié de la France.

Aussitôt après la mort du roi, des dissensions graves éclatèrent dans le sein de la Convention. La lutte qui s'était engagée, dès les premières séances, entre les Girondins et les Montagnards, se ranima plus violente que jamais, et il fut aisé de voir qu'elle ne se terminerait que par l'anéantissement de l'un des deux partis. Chaque jour amenait un nouvel orage; on s'accusait, on se menaçait de part et d'autre avec un archarnement incroyable. Les Girondins, pour discréditer la cause de leurs adversaires, faisaient attaquer sans relâche, par le conseil général de la Commune, les membres montagnards de l'ex-comité de surveillance. Ce comité, plusieurs fois mis en demeure de rendre ses comptes, n'avait pu les apurer complétement ou du moins suivant la forme régulière, par suite de la perturbation que les événements du 10 août et des 2 et 3 septembre avaient jetée dans l'administration de la Commune. Il était question de bris de scellés, de violations de dépôts et de malversations dont on exagérait à dessein l'importance. De là, des plaintes continuelles contre les anciens commissaires, et en particulier contre Sergent et Panis, qui avaient le tort d'être venus siéger à la Montagne. Le temps n'était plus où la Convention entière applaudissait aux paroles de Tallien, s'écriant à propos du comité de surveillance : « C'est ici le cas de rendre justice à deux hommes qui ont bien mérité de la patrie, qui l'ont sauvée peut-être ! Je veux nommer Panis et Sergent (séance du 1er octobre 1792). » Ces deux hommes étaient maintenant réduits à se défendre [26]. Sergent, pour sa part, excitait des haines d'autant plus vives, qu'elles avaient leur principe dans des amitiés déçues. On lançait contre lui de ces calomnies que les partis ont la pudeur ou la tactique de ne pas confier à leurs organes sérieux, mais qu'ils laissent volontiers propager par les pamphlétaires à leur suite. Dans un libelle intitulé *Histoire des hommes de proie ou les Crimes du comité de surveillance*, un certain Roch Mercandier, ancien secrétaire de Camille Desmoulins, écrivait sous l'inspiration d'autres patrons :

« ..... Panis et Sergent n'opéraient que rarement avec leurs collègues du comité..... Le premier prétextait des incommodités et des fatigues; il ne paraissait à la mairie que pour prendre une connaissance succincte de ce qui s'était passé en son absence, du nombre des personnes qui étaient arrêtées, et des dépôts arrivés ; il s'en retournait ensuite en rudoyant tous ceux qui se trouvaient sur son passage. — Sergent montrait un peu plus de vigilance et d'aptitude au travail, et il avait moins de rudesse dans ses manières. Il passait en revue, avec une exactitude et un scrupule remarquables, les bijoux, montres, chaînes de montres, bagues, or et argent, assignats, généralement tous les objets qui peuvent flatter l'œil curieux d'un homme de goût, d'un véritable amateur. A la vue d'objets si séduisants, il était difficile à un homme ami des belles choses de tenir longtemps à cette rude épreuve. Aussi ne tarda-t-il point à donner un exemple de la fragilité humaine: à l'exemple de notre premier père, qui, entraîné par la gourmandise, se perdit en portant une main furace sur le fruit défendu, Sergent se perdit par un autre larcin: il se fit présent de deux montres d'or ornées de leurs chaînes, et d'une agate du plus grand prix..... »

Le factum de Mercandier, que je trouve en remontant aux sources des bruits calomnieux répandus contre Sergent, lui reprochait ensuite d'avoir favorisé l'évasion du prince de Poix. Cette seconde accusation pouvait être grave en 1793; mais, aujourd'hui, je n'ai heureusement à m'occuper que de la première. Le journal de Prudhomme lui avait donné quelque apparence de réalité, en publiant ce compte rendu perfide d'une séance de la Commune: « Le rapporteur a déclaré que, dans le nombre des objets précieux qui se trouvent manquer, tels que bijoux, argenterie, louis, etc., on comptait trois montres d'or, une agate montée en bague et autres bijoux, lesquels effets, a dit le rapporteur, sont entre les mains de Sergent, député de Paris à la Convention; et, alors présent, Sergent est convenu du fait, à l'exception d'une montre qu'il a dit ne pas avoir, et a déclaré que son intention était de payer les effets au prix auquel ils auraient été portés. Ce disant, on a remarqué qu'il avait au doigt l'agate réclamée [27]. » Les consciencieux auteurs de *l'Histoire parlementaire* déclarent n'avoir trouvé, dans les procès-verbaux de la Commune, aucun détail sur le rapport dont parle Prudhomme, ni sur la discussion qui le suivit. C'est une lacune regrettable sans doute; cependant on va voir que l'incident relatif à la fameuse agate avait en lui-même assez peu d'importance pour qu'on négligeât de le mentionner au procès-verbal.

Je rétablis les faits.

Au mois de septembre 1792, la caisse municipale se trouvait à peu près vide, et le comité de surveillance, privé de sa subvention, n'avait pas même de quoi suffire à ses dépenses journalières. Plusieurs fois, les administrateurs de la police, qui ne recevaient pour tout traitement qu'une indemnité de 4,000 livres, avaient été obligés de solder de leur bourse les fiacres qui amenaient des prisonniers à la mairie ; les agents du service de sûreté ne touchaient que la moitié de leurs appointements, et tous les autres employés n'avaient pas été payés depuis trois mois. Pour se créer quelques ressources et pouvoir subvenir aux besoins du moment, le comité prit une mesure sans doute irrégulière, mais qu'excusait au moins l'urgence : il arrêta, de sa propre autorité, que tous les objets d'or ou d'argent, tous les bijoux provenant de la dépouille des victimes de septembre, et qui avaient été déposés à la Commune sans désignation de propriétaires, seraient vendus *au profit de la caisse administrative*. En conséquence, on fit venir un horloger du quai des Orfévres et un bijoutier de la place Dauphine, lesquels, après avoir prêté serment devant le comité, procédèrent à l'estimation des objets destinés à la vente. — Quand Sergent eût eu quelque part dans cette décision, qui allait contre le droit du conseil général, il m'en coûterait peu de l'avouer ; mais enfin, pour être vrai, je dois dire qu'il y fut étranger. Depuis les journées de septembre, il se tenait complétement en dehors du comité : sa signature est absente, à partir de cette époque, au bas de tous les actes publiés par ses collègues. — Il apprit cependant la vente qui s'opérait, et, comme il avait remarqué, parmi les bijoux déposés entre les mains du caissier, une bague dont le chaton portait une tête de Bacchus en agate de deux couleurs, il usa du bénéfice commun en l'achetant au prix de 90 livres, fixé par les estimateurs. Ce camée ne devait pas être sans mérite, puisqu'il avait flatté le goût d'un homme expert en matière de gravure; mais, loin que ce fût, comme on l'a dit, un ouvrage grec ou romain, une pierre antique précieuse, c'était l'œuvre d'un artiste français nommé Marchand, et vivant alors à Londres. Dans tous les cas, la vente était à peine terminée, que le conseil général de la Commune la déclara illégale, arbitraire, et, cassant l'arrêté du comité de surveillance, ordonna la restitution immédiate des objets dont on avait indûment disposé. Sergent se hâta d'obéir à cet ordre : il remit à la commission municipale la bague qu'il avait achetée publiquement, et le caissier Fauchet lui rendit les 90 livres qui en avaient été le prix. — Les journaux girondins et les pamphlets royalistes ne le surnommèrent pas moins, à cette occasion, *Sergent-Agate*. — C'était, dans le principe, un sobriquet plaisant; l'esprit de parti en sut faire bientôt une note d'infamie, et, depuis un demi-siècle, tous les historiens l'ont enregistrée sans contrôle ! Mais la vérité ne doit pas, pour cela, perdre ses droits : ils sont heureusement de ceux que le temps ne peut prescrire. C'est l'idée rassurante qui m'a fait entreprendre cet écrit, et qui m'encourage à le poursuivre jusqu'au bout.

VI.

Bien moins préoccupé du soin de se défendre qu'attentif à servir la chose publique, et doué, d'ailleurs, de ce stoïcisme que donne une foi robuste, Sergent ne répondait que par des actes aux attaques dirigées contre lui. Dès le mois d'octobre, il avait été, ainsi qu'on l'a vu, adjoint à la commission conservatrice des monuments des arts; et certes, on en conviendra, c'est surtout de cette commission qu'il eût dû être éloigné, si le moindre doute fût resté dans les esprits sur l'affaire de l'agate, et si l'interprétation que lui donnaient quelques écrivains n'eût pas été alors considérée par tout le monde comme une maligne invention de journaliste[28]. Sergent, du reste, justifiait en tous points la confiance de ses collègues : nul, plus que lui, ne réclamait de garanties pour la conservation du riche dépôt que la dépouille des châteaux et des églises avait mis entre les mains du comité des arts ; et, lorsque la Convention décida que les objets composant ce dépôt seraient vendus au profit de la République, il présenta l'amendement que voici :

« Je demande, par article additionnel à ce décret, que les objets relatifs aux sciences et aux arts, comme livres, tableaux, statues, gravures, vases, etc., soient vendus en commun dans une seule et unique exposition. Il en résultera beaucoup d'avantages pour la nation. Je vais citer un exemple. L'estampe connue sous le nom du *Général Wolf* est un ouvrage précieux et qui se vend de dix à douze louis. Eh bien, si on la vendait séparément, avec des meubles d'un autre genre, elle se donnerait peut-être pour dix ou douze livres ; au lieu qu'en rassemblant ces objets, les amateurs seront attirés à la vente par l'annonce, par l'exposition, par le catalogue, et, en y enchérissant, des objets même médiocres seront vendus d'une manière utile pour la République. J'en avais parlé au ministre de l'intérieur, qui a senti la force de mes raisons [29]. » — Plus tard, il fit rendre deux autres décrets tendants à ce qu'aucune fraude ne pût être commise dans la manutention des matières d'or et d'argent qui affluaient au comité d'inspection et à l'Hôtel des Monnaies, soit comme offrandes patriotiques, soit par suite de confiscations ou de saisies [30].

On me pardonnera si je relève des détails peut-être minutieux; mais ceux-là ont ici leur importance relative, et je ne devais pas les négliger. La calomnie a seule le privilége d'être brève : pour s'établir, elle n'a besoin que d'un mot, et il faut des pages pour la combattre.

Quand il fut question de traduire devant le tribunal criminel extraordinaire les auteurs et les complices de la capitulation de Verdun (séance du 9 février 1793), la plupart des conventionnels, n'écoutant que leur indignation et voulant donner un grand exemple, demandèrent que l'on mît en cause, avec les autorités administratives, dont cette capitulation était l'œuvre, le conseil défensif de la place, qui n'avait fait que la subir. Sergent se récria contre cette demande impitoyable. Pour prouver que les officiers qui avaient eu le courage de survivre à Beaurepaire n'étaient point des traîtres, il montra le jeune commandant du bataillon d'Eure-et-Loir, Marceau, protestant par des larmes héroïques contre l'acte de soumission que son âge le forçait de porter lui-même au roi de Prusse ; — et il parvint ainsi à faire mettre hors de cause les membres du conseil défensif.

Une mesure politique à laquelle il ne s'associa qu'avec peine, s'il faut en juger d'après ses mémoires, c'est le coup d'État du 31 mai. Il avait, comme je l'ai dit, d'anciens amis parmi les Girondins, et cette raison fait comprendre ses regrets, qui paraissent s'appliquer plutôt au caractère des hommes qu'à la cause qu'ils défendaient. Peut-être aussi que, loin des événements, le vieux conventionnel sentit moins la nécessité du terrible sacrifice fait à ses convictions, ou qu'en se voyant lui-même frappé d'ostracisme, il fit un triste retour sur le passé, et se demanda si le 31 mai n'avait pas eu tort d'ouvrir l'ère si longue des proscriptions...

Cependant, au milieu des luttes qui la décimaient, la Convention, avec une admirable constance, poursuivait son œuvre de rénovation sociale. Dans le silence des comités s'élaboraient des projets de loi sans nombre qui touchaient à toutes les institutions, qui régénéraient les anciennes ou en organisaient de nouvelles. Ainsi fut créé le Musée national de peinture et de sculpture, à la fondation duquel Sergent eut la gloire d'attacher son nom. — En 1773, un artiste avait proposé déjà de transporter dans la galerie du Louvre des tableaux et des statues qui se trouvaient enfouis dans les salles basses et dans les greniers du palais ; ce projet, accueilli avec faveur par le gouvernement de Louis XV, était néanmoins resté à l'état de projet. L'Assemblée législative, à son tour, avait, par un décret en date du 19 septembre 1792, ordonné que les tableaux et tous les autres monuments des arts fussent réunis et transférés au Louvre; mais ce décret, rendu, pour ainsi dire, *in extremis*, n'avait pu être exécuté sous l'empire de cette législature ; — il appartenait à la Convention ou plutôt à son comité des arts d'organiser enfin le Muséum français. Sergent, pour sa part, y contribua puissamment; il fut, avec David, le véritable créateur de l'établissement nouveau, et, le 25 juillet 1793, il en demanda l'ouverture en ces termes :

« Citoyens, quatre-vingt-six toises seulement de la galerie du Louvre sont garnies; et, au dire des artistes, elle surpasse déjà les plus belles galeries de l'Europe (on y comptait, suivant Dulaure, 537 tableaux de grands maîtres). Votre commission des monuments vous propose d'ordonner au pouvoir exécutif de la faire préparer pour être ouverte au 10 août. Il vous propose, en outre, de faire transporter dans ce muséum les tableaux et statues qui se trouvent à Fontainebleau, au ci-devant palais du Luxembourg, et tous ceux que l'on prodiguait aux courtisans et aux courtisanes, et que ces femmes impures transmettaient à leur postérité, quoiqu'ils fussent des propriétés nationales inaliénables comme toutes les autres. Du nombre de ces monuments est un chef-d'œuvre que Paul-Émile avait fait porter devant lui, lorsque les Romains lui décernèrent les honneurs du triomphe, etc. »

A la suite de ce discours, il lut un projet de décret que l'assemblée renvoya à l'examen du comité d'instruction publique, et qui fut adopté deux jours après [31], c'est-à-dire le 27 juillet, date à laquelle on fixe habituellement la création de notre Musée national. — Sergent peut également revendiquer une large part dans la fondation du Conservatoire de musique — dont toutefois l'idée première appartient à Chénier — et dans les autres mesures provoquées par le comité des arts et des sciences; car il se livrait avec une ardeur spéciale aux travaux de ce comité, qui répondaient à ses goûts les plus chers.

En le suivant à la tribune de la Convention pendant les six derniers mois de 1793, on le voit successivement, soit en son nom personnel, soit au nom des comités dont il faisait partie, réclamer la loi sur la propriété littéraire; défendre le ministre Bouchotte, l'imprimeur Beaudouin, le général Rossignol; soutenir le projet de calendrier nouveau; signaler différentes pièces à l'appui des faits illégaux reprochés à Latour-du-Pin [32]; dénoncer des abus dans la fixation du *maximum;* flétrir le cynisme antireligieux du curé démissionnaire Parens; solliciter des garanties pour la sûreté des archives déposées au Palais-National; demander des modifications dans le régime ou dans le personnel des comités d'instruction publique et d'inspection; donner, enfin, à son activité un but constamment louable et utile, — jusqu'au jour où il reçut mission de visiter les départements voisins de Paris, afin d'y recueillir les monuments des arts qui seraient dignes de figurer au Muséum.

Ce fut pour remplir cette mission et grossir sa récolte de chefs-d'œuvre que Sergent se rendit dans sa ville natale, d'où il était parti, si exempt d'ambition politique, dix années auparavant. Il y arriva le 23 frimaire an II (13 décembre 1793), accompagné de son collègue Périer. Ses concitoyens l'accueillirent avec l'enthousiasme qu'inspirait alors le titre prestigieux de représentant du peuple. Il reçut du conseil général d'Eure-et-Loir l'invitation d'assister à ses séances; et, la première fois qu'il s'y présenta, il eut le bonheur d'annoncer aux conseillers la nouvelle — qui les intéressait à tant d'égards — de la victoire remportée au Mans, par le général Marceau, sur la grande armée vendéenne. Le jeune commandant en chef s'était empressé de faire part de ses succès au député de Paris, car il possédait dans cet ami de sa sœur aînée un protecteur dévoué. En effet, Sergent avait vu Marceau grandir sous le toit du procureur Champion; plus tard, il l'avait aidé de son expérience, puis de son crédit; enfin, il l'avait, à deux reprises, soustrait aux chances d'un jugement criminel : d'abord à l'époque de la reddition de Verdun, ensuite lors de l'arrestation des officiers de la légion Germanique. Devant le conseil général d'Eure-et-Loir, il sollicita pour le vainqueur du Mans une lettre de félicitations qui consola ce jeune guerrier des amertumes dont l'abreuvait la jalousie de son rival Turreau [33].

La commune de Chartres, suivant les idées du jour, venait de transformer la basilique chrétienne de cette ville en un temple de la Raison, et l'inauguration du nouveau culte avait été fixée au prochain décadi. Sergent, depuis longtemps expert à régler les cérémonies nationales, proposa au conseil du département des dispositions qui devaient donner à cette fête un caractère de majesté fait pour éveiller dans les ames, sinon les sentiments religieux, au moins l'enthousiasme patriotique que réclamaient les dangers du moment. Ce projet reçut l'approbation unanime du conseil, et son auteur fut chargé de conduire la marche du cortége, le jour où la raison humaine irait elle-même inaugurer son culte. — C'était l'époque de l'exagération. — Les innombrables images de saints, de patriarches et de rois qui ornent les murailles et les vitraux de la magnifique cathédrale dont Fulbert jeta les fondements, choquèrent les yeux de certains patriotes fanatiques, qui n'y voyaient que *des idoles de la superstition*, et l'on agita sérieusement à la commune la question de savoir si l'on ne détruirait pas ces chefs-d'œuvre de la plastique ancienne. Heureusement, le conseil général eut l'idée de remettre à Sergent l'examen de cette question. L'intelligent artiste s'éleva courageusement contre les vandales qui osaient demander la mutilation d'un de nos plus précieux monuments nationaux. Il voulait seulement que l'on dégageât le pourtour intérieur du sanctuaire de la couche de maçonnerie et des maladroites *appliques* dont le chapitre l'avait fait couvrir après la démolition du jubé en 1763. Les conclusions de son rapport furent adoptées par le conseil, et les sculptures du glorieux édifice échappèrent au marteau des démolisseurs [34]. L'envoyé de la Convention, dont la présence à Chartres était si opportune, avait empêché déjà qu'on ne détruisît l'orgue établi dans la nef principale, et que lés exagérés condamnaient comme un instrument beaucoup *trop catholique* [35].

Avant de quitter son pays natal, Sergent eut la faiblesse de céder à une mode que l'esprit du temps avait inventée dans sa négation absolue du passé. Il renonça, devant l'autorité communale, aux prénoms d'Antoine-François, qu'il avait reçus lors de sa naissance, et adopta pour l'avenir celui d'Androphile (*Ami des hommes*). Toutefois il paraît ne l'avoir jamais revendiqué, et les actes de l'état civil de la paroisse Saint-Martin en ont seuls gardé la trace. — Six mois après, Mme Champion sacrifia elle-même à cette mode puérile, mais à laquelle pourtant elle devait rester fidèle. Par un arrêté de la commune de Chartres en date du 25 prairial an II, elle fut autorisée à prendre le nom d'*Émira*, anagramme de celui de Marie, qu'elle déclarait quitter. Quelques semaines plus tard, elle put y joindre légalement le nom qu'illustrait son frère sur les champs de bataille, car le divorce, qu'elle sollicitait depuis dix-huit mois, fut prononcé entre elle et M. Champion, son mari.

De retour à la Convention dans les premiers jours de nivôse, Sergent y fit la proposition de décerner les honneurs civiques au député Pierre Bayle, qui s'était donné la mort, à Toulon, en tombant aux mains des Anglais; il demanda ensuite, au sujet d'une adresse analogue, que l'on poursuivît les auteurs des meurtres commis, en 1791, à la Chapelle-Franciade, autrement dite la Chapelle-Saint-Denis; et, à partir de cette époque jusqu'aux approches de thermidor, il se voua exclusivement aux travaux des commissions organisatrices dont il était membre. — Il n'eut point à se prononcer lors des événements qui amenèrent la chute de Robespierre. — Averti quelques jours auparavant, par son collègue Courtois, qu'il se trouvait porté sur une nouvelle liste de proscription que méditait le comité de salut public, il était allé chercher un refuge dans une campagne aux environs de Paris. Les fragments publiés des mémoires de Courtois prouvent l'exactitude du fait; mais Sergent, dans les notes qne j'ai sous les yeux, accuse à tort Robespierre d'avoir lui-même rédigé cette liste : on sait que, lorsque arriva le 9 thermidor, le célèbre tribun, dont la Terreur avait dépassé l'attente, se tenait éloigné, depuis plus de quinze jours, du comité de salut public et de la Convention. Aveuglé sur ce point comme tant d'autres de ses collègues, et confiant dans les résultats de la révolution thermidorienne, Sergent, s'il n'en fut pas l'un des acteurs, l'approuva du moins dans son ame. Il reparut à la Montagne, privée de son sommet redoutable, mais qu'il n'en croyait alors que mieux assise. — La réaction n'allait pas tarder à lui ouvrir les yeux.

VII.

La première fois qu'il reprit la parole, ce fut pour proposer un amendement à la loi qui instituait les Écoles normales. Un article du projet en discussion fixait à quatre mois la durée des études; c'était un terme évidemment trop court, et Sergent fit à ce sujet les observations suivantes :

« Si les hommes que le comité a désignés *in petto* pour professer dans ces écoles ne sont pas des charlatans ou des insensés, ils ne pourront jamais, en quatre mois, atteindre le but de l'établissement. Comment voulez-vous que des jeunes gens qui, d'abord, auront à se défaire de vieux préjugés, de vieilles habitudes, soient, en si peu de temps, capables d'aller ensuite former de nouveaux instructeurs? Il ne s'agit pas de faire naître des fruits en serre-chaude; mais il faut former des hommes instruits et dignes d'instruire leurs concitoyens. Je vois dans le projet du comité le dessin d'un beau tableau; mais ce n'est qu'une ébauche. Craignons, en ne faisant que des croquis sur l'éducation publique, que la génération suivante ne soit en droit de nous faire des reproches. Point de petits calculs sur cet important objet. Le terme de quatre mois est trop court, et absolument insuffisant. Il ne s'agit point ici, comme pour le salpêtre, de travailler à la mécanique : il s'agit de former le cœur, et il faut du temps; l'intention ne suffit pas. On ne fait point en quatre mois des moralistes, des physiciens, des géomètres. Je demande que le délai soit fixé à un an. » Ces réflexions partaient, à coup sûr, d'un esprit juste ; elles font voir que celui qui les émettait ne dut pas être un des membres les moins utiles du comité d'instruction publique, de ce comité qui, en même temps que les Écoles normales, fondait le Conservatoire des Arts et Métiers. — La crainte de fatiguer le lecteur m'empêche seule de rappeler les autres discussions, étrangères à la politique active, où, plus tard encore, l'ancien artiste prouva qu'il était à la hauteur de sa mission parlementaire. — Je me hâte vers les événements.

L'agitation qui régnait dans Paris au commencement de 1795 autorisa les nouveaux comités du gouvernement à présenter une loi dite de *grande police* qui devait garantir l'inviolabilité de la représentation nationale, et assurer l'action du pouvoir exécutif. C'était tout simplement une autre loi martiale. Sergent s'opposa, du moins, à ce qu'on la votât sans discussion, et monta plusieurs fois à la tribune pour en amender les principaux articles [56]. — Le lendemain, il fit un acte de courage qui le condamna, dès lors, dans la pensée des réactionnaires : il défendit, avec Carnot, les membres des anciens comités mis en accusation par l'assemblée ; — ou plutôt il demanda qu'on punît les auteurs de placards incendiaires affichés sur les portes même de la Convention, et qui menaçaient de mort quiconque oserait prendre la défense des prévenus. « Certes, dit-il en terminant son discours, je respecte la liberté de la presse ; mais, citoyens, rappelez-vous que, lorsque vous jugeâtes Capet, vous sentîtes la nécessité de n'être influencés ni par les journaux, ni par aucun placard. Pourquoi, aujourd'hui qu'il s'agit de juger trois de vos collègues, ne suivriez-vous pas la même marche? L'opinion publique se manifeste, me dira-t-on ; mais, citoyens, n'oubliez pas ce principe éternel de justice et d'humanité, qu'un prévenu est présumé innocent jusqu'à ce qu'un jugement légal l'ait déclaré coupable..... [57] » Cette idée n'était pas inspirée à Sergent par le besoin du moment ; car il l'avait développée, dès 1792, dans son rapport au Département sur le régime des prisons ; la faction thermidorienne ne devait pas moins lui en garder rancune. Elle avait à lui reprocher déjà d'avoir, quelques jours auparavant, soutenu Lecointre (de Versailles), qui voulait qu'on mît en activité la constitution de 1793, et de lui avoir fait maintenir la parole en adressant cette mercuriale à ses interrupteurs : « Rappelez-vous qu'un homme envoyé ici peut se tromper avec des intentions pures, sans être, pour cela, coupable. Il faut toujours écouter avant que de condamner. J'ai trouvé aussi que Lecointre avait abusé de la parole ; mais je n'ai pas dit, pour cela, que son discours fût un pot-pourri. Citoyens, voulez-vous vous faire respecter, respectez-vous vous-mêmes. Il ne faut jamais apostropher un de vos collègues par ces mots de scélérat, de coquin. Nous sommes tous ici pour le même but : le bonheur du peuple. Ne nous prêtons aucune mauvaise intention, et agissons de concert pour le bien général..... [58] » Mais les appels à la concorde ne trouvaient guère d'écho dans l'assemblée impatiente ; la majorité n'attendait qu'une occasion pour frapper un nouveau coup sur la Montagne ; les événements du 12 germinal vinrent, au moins, lui fournir un prétexte.

On sait que Paris était alors en proie à une affreuse disette, et que des masses de peuple, composées, pour la majeure partie, de femmes et d'enfants, se présentèrent tout à coup à la Convention, en demandant du pain et la constitution de 1793. — Le soir de ce même jour, quand la séance, interrompue durant cinq heures, put être enfin reprise, Sergent, par un amendement au décret qui fut rendu sur les subsistances, fit adopter des mesures propres à favoriser l'arrivage des grains, qu'on arrêtait au passage dans les départements. Mais il ne craignit pas de combattre les propositions qui poussaient l'assemblée vers les coups d'État. Aux accusations dirigées contre certains membres de la minorité, il répondit malgré les murmures : « ..... J'ai pensé et je pense encore que cette journée a été pour la Convention nationale ce que fut pour le roi celle du 20 juin; j'ai pensé que, sous prétexte de la disette des subsistances, on avait essayé la dissolution de la représentation nationale. Je n'ai pas cru que la masse entière des citoyens qui se sont portés ici ait eu cette intention; car ce n'a pas été aujourd'hui l'insurrection des hommes, mais celle des bambins. J'ai entendu des enfants de quatorze ans répéter des phrases qu'ils ne concevaient pas; je les ai entendus parler de l'avilissement des assignats; je vous demande ce qu'ils peuvent y concevoir..... » En finissant, il ajouta : « Ce n'est pas dans la Convention qu'il faut chercher les auteurs de ces troubles; ils sont hors de son sein. C'est cette minorité de la noblesse dans l'Assemblée constituante, cette minorité, si habile dans l'art de l'insurrection, qui avait combiné avec Lafayette le massacre du Champ-de-Mars ; c'est cette portion de l'Assemblée législative qui a fui lorsque le trône s'est écroulé; c'est le comité secret des Feuillants..... Sieyès peut vous dire qu'il connaît comme moi les auteurs de ces insurrections..... Il faut prendre des mesures fortes; mais il ne faut rien précipiter, pour ne pas être obligés de revenir sur nos pas. » La majorité, pressée d'agir au contraire, vota, séance tenante, l'arrestation de huit députés, et celle de neuf autres dans la séance du 16.

Sergent, épargné sans doute à regret, comprit que lutter ouvertement contre la réaction était désormais inutile; et, comme à des époques précédentes, il se confina dans l'intérieur des comités, auxquels les débats politiques de l'assemblée laissaient alors beaucoup, si ce n'est trop à faire [39]. Cependant il reparut à la tribune lorsqu'il fut question de démonétiser les assignats à l'effigie royale, et il demanda que tous ceux qui représentaient moins de vingt-cinq livres conservassent leur valeur numérique, en raison de ce qu'ils étaient répandus surtout dans la classe la moins aisée du peuple. — Cette exception ne fut pas admise : le peuple n'avait déjà plus droit aux priviléges.

Trois jours après, les scènes de germinal se renouvelèrent, mais avec des apparences plus menaçantes et plus terribles. Les faubouriens, affamés, envahirent encore une fois la Convention; le député Féraud, en voulant les arrêter aux portes de la salle, tomba mortellement blessé; depuis une heure jusqu'à minuit, la foule resta maîtresse du lieu des séances, et, mêlée aux représentants qui n'avaient pas quitté leurs siéges, décréta elle-même les mesures qu'elle était venue réclamer en armes. Pourtant l'insurrection fut vaincue, et la majorité conventionnelle sortit de ce danger plus forte que jamais. Elle en sortit aussi plus irritée, et les proscriptions recommencèrent. Chaque jour en amenant de nouvelles, le tour de Sergent devait à la fin venir — quoiqu'il eût hautement déploré la mort de son collègue Féraud [40]. On lui laissa encore le temps de faire rendre un décret ordonnant la démolition de toutes les échoppes qui déshonoraient le jardin des Tuileries [41]; et, le 13 prairial (1er juin), sur le rapport de Durand-Maillane, on lança contre lui un décret d'arrestation. Le prétexte était qu'un vétéran de garde à la barre, dans la journée du 1er, l'avait entendu dire, au moment de l'invasion de la multitude : « Voilà le peuple que j'aime; on n'y voit pas de muscadins ! » Il est vrai que le rapporteur, pour corroborer cette accusation, rappelait la circulaire du comité de surveillance et le prétendu vol de l'agate [42]. La commission dont Durand-Maillane était l'organe, procédait avec tant de bonne foi, qu'elle ne mentionnait même pas une lettre justificative que Sergent lui avait écrite; lettre qui a été retrouvée depuis, et imprimée par M. Charles Maurice, dans ses *Récoltes*, à titre de document inédit sur les journées de prairial. — L'ami de Panis pouvait répéter le mot si tristement vrai de celui-ci : « J'ai été un citron dont on a exprimé le jus, et qu'ensuite on a rejeté ! ».

Toutefois Sergent sut échapper à l'arrêt de la Convention. Il quitta secrètement Paris, et ne tarda pas à être rejoint par Émira; car ce fut alors, comme je l'ai dit, que, pour avoir le droit de partager son exil, cette femme généreuse consentit à l'épouser. L'espoir de consoler une infortune imméritée fit taire les scrupules qui l'avaient empêchée jusque-là de contracter un second mariage, et qu'avait toujours respectés l'homme qui l'aimait depuis plus de trente ans [45]. — Tous deux gagnèrent la Suisse, en voyageant sous des noms supposés, et la plupart du temps à pied. Ils parcoururent d'abord quelques cantons sans pouvoir s'y créer de ressources, puis allèrent s'établir à Bâle, où les conduisaient des espérances qui ne furent point trompées. Sergent trouva l'ambassadeur Barthélemy — neveu de l'auteur d'*Anacharsis*, dont il avait été l'ami et le protecteur — prêt à payer la dette de son illustre parent; et un émigré français, M. Rulhières, lui offrit un asile dans sa propre famille. M. Rulhières était le fils d'un royaliste qui avait péri lors des massacres de septembre; mais il savait que l'ancien administrateur de police avait tout fait pour prévenir ce malheur, et il saisissait l'occasion de lui en montrer sa reconnaissance. — Ainsi l'homme que l'on proscrivait comme complice des septembriseurs était accueilli par ceux-là même qui portaient le deuil des victimes de septembre !

Le décret d'amnistie que rendit la Convention en abdiquant ses pouvoirs (le 4 brumaire an IV), rouvrit à Sergent les portes de la France; mais les amitiés qu'il s'était faites à Bâle lui laissaient déjà moins regretter la patrie. Il profita cependant du bénéfice de ce décret pour se rendre, avec Émira, auprès du général Marceau, qui commandait à Coblentz. — C'était l'époque où l'armée de Sambre-et-Meuse opérait sa première retraite. — Dans une excursion qu'il fit sur la rive droite du Rhin, Sergent tomba un jour au pouvoir des Autrichiens, et fut conduit comme prisonnier à leurs avant-postes ; mais, dès qu'ils apprirent les liens qui l'unissaient à Marceau, les soldats de Clairfayt se hâtèrent de le mettre en liberté... Dix mois après, le beau-frère du héros revint une seconde fois de Bâle à Coblentz, et ce fut pour lire sur une tombe le nom glorieux qui l'avait protégé !

En 1797, Sergent quitta la ville hospitalière où il avait demeuré deux ans. J'ai dit plus haut les louables motifs qui décidèrent son retour à Paris : il voulait appeler sur sa conduite dans les journées de septembre les investigations de la justice directoriale. Émira, de son côté, avait à soutenir un procès contre plusieurs membres de sa famille, qui tendaient à faire casser, en ce qui la concernait, le testament du général Marceau ; prétention inique, et que les tribunaux repoussèrent [44]. Depuis quelque temps déjà, l'ex-conventionnel s'était modestement remis à sa table de gravure, lorsque le ministre de la guerre, Bernadotte, le nomma commissaire du gouvernement près la régie des hôpitaux militaires. Lui confier un pareil emploi, n'était-ce pas donner un démenti, pour ainsi dire, officiel aux accusations dont il avait été l'objet? Quelles fonctions exigeaient plus de probité, plus d'humanité? — Pendant quatre ans il remplit les devoirs de sa charge avec un zèle que rien ne décourageait ; et, certes, il eût pu la conserver longtemps encore, obtenir même un emploi supérieur, aspirer aux titres et aux dignités, s'il eût voulu, comme tant d'autres, faire le sacrifice de ses convictions et encenser l'idole du jour; mais il ne savait pas pactiser avec sa conscience ni garder la prudente réserve de l'égoïsme ; les aspirations du premier consul vers la dictature suprême révoltaient son cœur républicain, il ne s'en cachait pas; et l'attentat du 2 nivôse an X fournit à Bonaparte l'occasion de se débarrasser de lui. Il fut brusquement enlevé de son domicile, et jeté à la Force, *par mesure de sûreté générale.* Quelques jours après, on lui fit savoir qu'il ne sortirait de prison qu'avec un ordre d'exil. Émira courut au ministère de la police; Fouché la renvoya au général commandant la garde consulaire, qui avait fait opérer l'arrestation : — C'était Davoust, l'ancien sous-lieutenant au régiment de Royal-Champagne. Aux instances d'Émira, le courtisan du futur empereur répondit sèchement qu'il ne pouvait rien. « Mon mari, lui dit-elle, ne montra pas tant de froideur, quand il s'agit de vous tirer de la citadelle d'Arras. — Madame, nous marchions alors sur la même ligne. — Général, reprit-elle, M. Sergent est resté sur la ligne de l'honneur! » Ce qui rendait la conduite de Davoust plus inqualifiable encore, c'est qu'il avait été l'ami de Marceau, et qu'il avait même voulu lui faire épouser sa sœur.

Dans les premiers jours de 1803, Sergent reçut donc l'ordre de quitter de nouveau Paris et la France. Il se mit en route accompagné d'Émira, qui emmenait un de ses neveux, âgé de quatre ans et demi, qu'elle avait adopté pour l'arracher à la misère. Suivant l'itinéraire qui lui était tracé, l'ex-conventionnel se dirigea vers l'Italie ; — c'était un refuge d'où Émira et lui ne devaient plus sortir.

VIII.

A dater de cette époque, la vie de Sergent cesse d'appartenir à l'histoire : ce n'est plus qu'une longue et courageuse lutte contre l'adversité, souvent même contre la détresse ; et, quoique cette dernière partie de la carrière du vieux républicain n'en soit pas la moins honorable ni la moins digne d'être étudiée, je me bornerai, pour ne pas trop allonger cet écrit, à en rapporter les principaux incidents.

Les exilés se rendirent tout droit à Milan, où les avaient précédés quelques recommandations. Émira, depuis longtemps familiarisée avec la langue italienne, entreprit l'éducation de jeunes filles milanaises ; et Sergent, qui sortait pauvre de tous les emplois qu'il avait occupés, dut encore une fois reprendre son burin. Il commença la publication d'un grand ouvrage intitulé : *Tableaux de l'Univers et des Connaissances humaines*, lequel devait contenir 300 planches gravées encouleur, suivant la mode du temps, et qui eussent été accompagnées d'un texte explicatif en cinq langues différentes; mais, soit que la spéculation fût mauvaise, soit que l'auteur n'eût pas les moyens de la poursuivre, il ne parut que deux ou trois livraisons de l'ouvrage; et bientôt Sergent quitta Milan pour aller chercher fortune ailleurs. — De 1804 à 1809, il habita successivement Vérone, Padoue et Venise, sans pouvoir conjurer la chance contraire, malgré les attentions bienveillantes dont le beau-frère et la sœur de Marceau étaient partout l'objet. Enfin, à Brescia, où tous deux se fixèrent ensuite, leur position s'améliora, et leur avenir même, grâce au dévouement d'un ami, fut assuré contre la misère. On était alors en juillet 1809, et l'armée française venait de gagner la célèbre bataille de Wagram. Parmi les héros de cette journée se trouvait un compatriote et un ancien frère d'armes de Marceau, le capitaine Maugars, glorieusement blessé en combattant. Or, quelques jours après la bataille, Napoléon, visitant les blessés à l'hôpital de Vienne, et leur distribuant des récompenses, s'arrêta devant le capitaine Maugars : « Et vous, lui dit-il, que désirez-vous ? — Rien pour moi, Sire, répondit le brave officier ; mais je demande une pension pour la sœur de mon ancien général. » Le lendemain, l'empereur faisait expédier en même temps deux brevets : l'un nommait Maugars chevalier de la Légion-d'honneur, l'autre accordait à Émira une pension annuelle et viagère de 1,200 francs.

Cette ressource inespérée tira du dénûment les amis du généreux capitaine, mais elle fut encore loin pourtant de suffire à leurs besoins; car ils avaient, comme je l'ai dit, adopté le fils de Mme Berchette-Marceau, dont l'éducation venait augmenter leurs charges. Aussi, tandis que l'intelligente Émira mettait à profit les talents qu'elle possédait, Sergent, de son côté, cultivait à la fois les lettres et la gravure. Il entreprit avec succès la publication d'une série de planches coloriées représentant les *Costumes des peuples anciens et modernes*, et auxquelles était joint un texte en langue italienne. Sa réputation comme artiste, et l'estime que son caractère lui avait acquise le firent nommer, au bout de quelque temps, membre titulaire de l'Athénée de Brescia. — Cependant, vers la fin de 1815, il quitta cette ville pour retourner à Milan, où il voulait essayer de produire son neveu, qui touchait à sa dix-huitième année. La Restauration venait de succéder à l'Empire, et l'ex-conventionnel restait banni de France à titre de régicide. La prolongation de son exil l'affectait péniblement; mais, du moins, c'était alors la seule amertume de sa vie, car l'indigence n'y répandait plus ses poignantes inquiétudes, et le noble amour d'Émira la remplissait toujours. — A Milan, Sergent fit paraître les dernières livraisons de ses *Costumes,* et s'adonna ensuite exclusivement à la littérature. Admirateur enthousiaste du général Marceau, il publia, en 1820, des *Notices historiques* sur la mort de cet illustre guerrier. L'année suivante, Mme Sergent adressa personnellement à la chambre des députés une pétition où elle signalait, avec une indignation légitime, les outrages que la municipalité royaliste de Chartres avait fait subir à la pyramide élevée, dans cette ville, à la mémoire de Marceau. Cette pétition, combattue sans pudeur par deux députés d'Eure-et-Loir, mais éloquemment appuyée par le général Foy, fut renvoyée au ministre de l'intérieur, qui naturellement se hâta de l'enfouir dans ses cartons. — De 1821 à 1824, Sergent traduisit de l'italien en français plusieurs ouvrages concernant les arts et l'iconologie, ce qui lui fit obtenir la place de bibliothécaire-adjoint près l'Université de Turin. C'était un honorable mais tardif secours accordé à sa vieillesse. Il conserva néanmoins cet emploi pendant environ sept ans; après quoi, son grand âge le forçant à prendre du repos, il alla s'établir à Nice-Maritime, dont l'heureux et doux climat lui faisait espérer encore de longs jours.

Émira et lui venaient de s'installer dans ce nouvel asile, quand la révolution de juillet 1830 fit crouler le trône des Bourbons. Sergent se trouvait, du même coup, relevé de la proscription, et aurait pu alors librement rentrer en France; mais il était presque octogénaire, les fatigues d'une route de deux cents lieues l'effrayaient justement; tous ses parents, tous ses anciens amis étaient morts d'ailleurs, et il prolongea volontairement son exil. — Le poids de l'âge avait courbé son corps sans ébranler sa vive imagination; et, vieillard enjoué, conteur infatigable, doué surtout d'une mémoire prodigieuse, il occupait ses loisirs en publiant, dans les journaux italiens, des articles de littérature légère. — Mais, si le temps l'oubliait sur la plage de Nice, le sort ne se lassait pas de le frapper. Il eut le malheur de se voir précéder dans la tombe par sa chère Émira, qui mourut le 6 mai 1834, âgée de quatre-vingt-un ans... Le coup était doublement cruel pour Sergent, car il lui apportait à la fois le deuil et la misère. La pension que l'empereur avait accordée à la sœur de Marceau s'éteignait avec celle-ci; et le créateur des bureaux de bienfaisance, le fondateur de notre musée national eût été forcé de mendier, aux portes de la France, le pain que lui refusait l'ingrate administration des Beaux-Arts, si le roi Louis-Philippe, fidèle, en cela du moins, aux sentiments du duc de Chartres, n'eût lui-même pensionné, sur sa cassette, le vieux conventionnel.

Depuis quelque temps, le fils adoptif d'Émira était employé dans la direction des travaux publics du royaume Lombardo-Vénitien; Sergent restait donc seul à Nice; mais cet isolement plaisait à sa douleur : il revivait, par le souvenir, avec la compagne et la consolatrice de son exil. Trois ans après la mort de cette femme adorée, il publia sur elle un livre apologétique, sorte de mémoires confidentiels dédiés à ses amis, et qui sont peut-être le monument le plus curieux que l'amour ait jamais produit.

« O ma douce amie, s'écrie-t-il dans ce livre, tendre et vertueuse épouse! quels souvenirs vont se retracer devant mon cœur!... Déjà soixante-dix hivers se sont succédé depuis lors. C'est de nos jeunes années que je vais parler, de cet âge d'innocence auquel on fait malheureusement si peu d'attention... Cette page sans intérêt pour ceux qui doivent me lire, je l'écris pour moi; elle procure à mon ame une jouissance dont je ne veux pas la priver. A cette époque, Émira, je ne connaissais pas d'autre bonheur que celui de te voir tous les jours. C'est ainsi que j'ai vu ta jeunesse s'avancer dans la carrière de la vie, sans aucune idée ni aucun pressentiment de l'avenir; je te voyais, c'était là tout... Enfant, je sentais la joie dans mon cœur lorsque tu apparaissais, et je n'avais pas besoin d'autre chose. Pouvais-je prévoir alors que ce cœur, que ta seule présence agitait, serait à toi, à toi seule pour la vie ?... Prévoyais-je aussi que je devrais un jour, à deux cents lieues de notre berceau, verser des larmes sur ta tombe?... Aujourd'hui, ce matin, j'ai déposé sur le marbre qui te couvre depuis deux ans une couronne de fleurs entrelacée de myrte et de cyprès ! O épouse si chérie ! c'est en racontant tes actions que je veux peindre tes vertus ! [45] »

Le temps ne fit point taire les regrets exprimés dans ce livre ; mais il les changea en une douce mélancolie, et, Sergent, qui n'avait rien perdu de ses actives facultés, se mit à rédiger des notes sur sa vie passée. Il en avait envoyé déjà quelques-unes à la *Revue rétrospective*, en 1834 et 1835. Ce sont les seules qui aient été publiées. Malgré l'affaiblissement de sa vue, il aimait beaucoup à écrire, et entretenait de longues correspondances avec les personnes qui s'intéressaient à lui. Ses lettres étaient toujours pleines de curieuses anecdotes sur les événements dont il avait été l'acteur ou le témoin ; mais les souvenirs qui se pressaient en foule sous sa plume jetaient un peu de diffusion dans ses récits. La légèreté ou la mauvaise foi que certains historiens montraient à son égard lui arrachaient souvent des paroles amères; cependant il dédaignait de réclamer contre leurs attaques, disant que la vérité en triompherait tôt ou tard. Une fois seulement, il crut devoir repousser le surnom de *Deux-Septembre*, qui lui avait été donné par M. Didron, dans un rapport dont cet archéologue avait fait précéder son iconographie de la cathédrale de Chartres.

Sergent attendait ainsi le moment, pour lui trop lent à

venir, où il irait rejoindre Émira. Il était entouré d'un petit cercle d'amis dévoués, comme son caractère affectueux lui en avait créé partout; le hasard même lui avait donné un protecteur dans le consul de France, M. Hippolyte de Châteaugiron, qu'il avait lui-même défendu autrefois. Le vieil artiste était, d'ailleurs, généralement aimé à Nice, et la plupart des voyageurs français que chaque été amenait dans cette ville allaient visiter leur compatriote presque centenaire. Les derniers jours de sa vie purent recevoir quelques-uns des soins qu'ils réclamaient, grâce à une rente de 400 francs qui vint s'adjoindre à sa pension, et que l'ex-conventionnel Souhait (des Vosges) avait léguée par testament à chacun de ses anciens collègues malheureux.

Au mois d'avril 1847, Sergent devint tout à fait aveugle. Ses yeux, qui avaient vu tant d'hommes et tant de choses, s'étaient fermés de lassitude; mais il conservait toute la lucidité de son esprit, et, ne pouvant plus écrire, il dictait... Dans le courant de juillet, en m'envoyant un cahier de notes, il me mandait par l'intermédiaire d'un ami : « Voici la fin que je vous avais annoncée..... Tout est là; je n'ai plus rien à faire, et je puis maintenant finir moi-même. Je crois, mon cher compatriote, que le moment ne se fera pas longtemps attendre..... » La lettre par laquelle je lui accusais réception de son manuscrit arriva trop tard à Nice : — le 24 juillet au soir, c'est-à-dire près du terme de sa quatre-vingt-seizième année, il s'était éteint doucement, sans secousse, dans le calme de sa conscience. A ses derniers instants, il avait invoqué les secours de la religion, voulant, disait-il, que rien ne s'opposât à ce qu'il pût aller, là-haut, retrouver la femme qu'il avait tant aimée sur la terre. Certains personnages accourus à son lit de mort se fussent réjouis de le voir alors abjurer ce qu'ils appelaient ses erreurs politiques; mais, sur ce point, il s'était montré inébranlable;

et, aux observations de l'un des officieux, le digne prêtre qui assistait le moribond avait lui-même répondu : « Je souhaite qu'à l'heure suprême votre conscience soit aussi bien préparée que celle de M. Sergent à paraître devant Dieu. » — Les obsèques furent suivies par un petit cortége d'amis et de voyageurs français, auxquels se joignirent spontanément beaucoup d'habitants de Nice. En tête marchait M. de Châteaugiron. Le fils d'un conventionnel, M. Carnot, député de Paris, prononça, sur le lieu de la sépulture, quelques nobles et touchantes paroles [46], et le corps fut descendu dans la tombe qui renfermait, depuis treize ans, les restes d'Émira. — Cette tombe, élevée par souscription en 1834, contient un vase de porcelaine scellé où sont déposées, dans une boîte de plomb, des cendres de Marceau [47].

Sergent a légué à la ville de Chartres le sabre et l'écharpe de son beau-frère, ainsi qu'un fragment de mémoires écrits de la main du général lui-même; mais ces mémoires que Marceau destinait à sa fiancée, Agathe de Châteaugiron, offrent peu d'intérêt pour l'histoire, et ne sont vraiment précieux que comme autographes [48]. Au milieu de ses longues traverses, le proscrit avait pieusement conservé ces reliques, car il professait à l'égard de Marceau un véritable culte. On l'a même accusé d'avoir voulu ainsi attirer sur sa tête quelques reflets d'une gloire sans tache, et se mettre avec elle en solidarité. Je ne le justifierai pas de ce reproche puéril. Si, depuis son mariage, il avait ajouté à son nom celui du héros d'Altenkirchen, ce n'était point pour s'abriter sous une renommée illustre, c'était pour honorer la compagne de sa vie, selon l'antique usage de sa province qui, du nom qu'apporte l'épouse, fait le premier titre du mari.

Ma tâche est maintenant terminée. Voilà ce que j'avais hâte de dire ; voilà quel fut Sergent. Les écrits qu'il a laissés achèveront de le faire connaître ; car on ne doit voir ici qu'une sorte de préface à ses mémoires. — Dans ce résumé de sa vie, que je n'ai pas su rendre court, et dont la vérité fait seule toute l'éloquence, je l'ai dépeint tel qu'il doit apparaître, si l'on veut écarter le voile des préventions. Ses mœurs pures, ses goûts simples et laborieux firent asseoir le respect à son foyer domestique, et son caractère privé ne lui valut que des amis. Au point de vue de l'histoire, je ne prétends pas le déclarer inattaquable ; mais que l'on discute ses opinions, et non sa probité, sa conscience ; qu'il soit responsable de ses actes, et non de ceux que la calomnie lui a prêtés. Des juges impartiaux reconnaîtront, au moins, qu'il voulut faire le bien. Si le génie lui manqua, il eut le dévouement, le courage, qui valent mieux quelquefois. Ce ne fut pas un homme d'État, sans doute ; ce fut plutôt un homme d'action, un homme d'instinct ; mais ses sentiments le poussèrent presque toujours vers les idées grandes ou généreuses, et, s'il commit quelques erreurs, il eut sa bonne foi pour excuse. Transporté tout d'un coup hors de sa sphère par une révolution qu'il n'avait pas prévue, il sut, malgré le défaut d'études sérieuses, rester à la hauteur de son rôle politique ; exemple de ces vigoureuses organisations qui dorment au sein du peuple. Tour à tour peintre et graveur, magistrat, législateur, écrivain, administrateur, il montra, dans ces positions si diverses, une remarquable intelligence, et souvent des qualités supérieures [49]. On regrette néanmoins, en voyant les charmantes productions de son burin, que le flot révolutionnaire l'ait detourné de l'art, sa vocation naturelle. Pour la dangereuse et ingrate politique, qui devait ravager sa vie, il déserta la paisible carrière où il eût trouvé le bonheur, peut-être aussi la gloire; et, pourtant, il ne regretta jamais le sacrifice qu'il avait fait à la cause de la liberté. Il fut de ceux qui, jusqu'au dernier jour, vouèrent à cette noble cause leurs veilles, leurs pensées, leur ame. Peu de républicains demeurèrent aussi fermes dans leurs croyances; peu les défendirent, aux heures de péril, avec plus d'énergie et d'abnégation... Mais, en jetant son lest à la tempête politique, Sergent sut, quoi qu'on en ait dit, garder intact son honneur. C'est le seul bien que j'aie revendiqué pour lui, et je crois avoir, en cela, fait une œuvre morale.

NOTES.

[1] Dans la rue des Trois-Maillets, sur la paroisse Saint-Martin.

[2] Marie-Jeanne-Louise-Françoise-Suzanne Marceau-Desgraviers, née à Chartres, le 11 juillet 1753 *(Registres de la paroisse Saint-Saturnin)*.

[3] On m'en a montré une qu'il grava sur acier pour une société de danse établie à Chartres sous le titre de *Chevaliers de l'Union*. Cette médaille représente, d'un côté, une grenade d'artifice crevant par en bas, et à l'entour de laquelle on lit ces mots : *Crepitat equites non territat ;* sur le revers est écrit : *Union*, au milieu d'une couronne de chêne, attribut particulier des armoiries de la ville. La première légende faisait allusion à des démêlés que la société avait eus avec l'évêque Rosset de Fleury, qui s'était vainement efforcé de la dissoudre.

[4] Malheureusement pour la ville de Chartres, ce plan ne fut pas terminé. On lit à ce sujet dans les registres des *Délibérations du conseil général d'Eure-et-Loir* :

« *Séance du 13 octobre 1791.* — .... M. le Maire a exposé qu'en 1779 le sieur Sergent fils, dessinateur, ayant conçu le projet de graver le plan de la ville de Chartres, avec une vue de la même ville prise de l'entrée du cimetière Saint-Barthélemy, il a demandé à la municipalité de le faire sous ses auspices ; et, attendu que sa fortune ne lui permettait pas de faire les avances des cuivres, burins et autres choses nécessaires à son entreprise, il a demandé que la municipalité voulût l'aider ; et que la municipalité, qui s'est toujours fait un devoir de protéger les arts, a promis 800 livres au sieur Sergent, qui, de son côté, s'est obligé de donner son ouvrage fini dans un délai qu'il a lui-même fixé. La municipalité a successivement avancé audit Sergent jusques à 650 livres, et cependant il a toujours remis la livraison de son plan, qui n'est point encore livré.

» Sur quoi ayant délibéré, ouï le procureur-général de la commune, le conseil général arrête qu'il sera fait au sieur Sergent fils, dessinateur, à Paris, rue des Poitevins, n° 16, une sommation de rapporter dans un délai, qui sera fixé par ladite sommation à huitaine, le plan et la vue de la ville de Chartres, tels qu'il les a offerts lui-même à la municipalité en 1779, sinon et à faute par lui de ce faire, arrête qu'il sera poursuivi, à fin de restitution de la somme de 650 livres *(1er registre, page 145).* »

« *Séance du 4 nivôse an II (24 septembre 1793).* — .... Le citoyen Sergent demande et obtient la parole. Il dit au conseil général qu'avec les ci-devant maire et échevins, il avait entrepris de faire le plan de la ville, enrichi de gravures représentant différents événements tenant à l'histoire de cette commune; que, pour indemnité des frais nécessaires à l'accomplissement de ce plan, il avait reçu de la municipalité 800 livres, ce qui n'était qu'une indemnité, parce que, dans ce temps, il en avait fait un objet de spéculation. Mais que, depuis les événements de la Révolution dans laquelle il avait pris une part active, il avait renoncé à cette entreprise, qu'il ne regardait plus comme un objet de spéculation pour lui, quoiqu'il y eût déjà dépensé plus de 1,500 livres; que cependant cet ouvrage étant presque fini, son dessein est de l'achever, et d'en faire offrande à la commune, qui pourrait en tirer un parti avantageux dont le bénéfice tournerait au profit des pauvres; qu'en conséquence, il va faire achever ses planches, et les faire parvenir, avec le plan, à la commune; qu'il demande seulement qu'il lui soit envoyé le changement de noms des rues, afin de les faire réformer sur une moitié du plan où elles se trouvent gravées suivant leur ancienne dénomination, et de les faire graver sur l'autre moitié où elles ne se trouvent pas encore.

« Le conseil général, ouï son président, accepte l'offre du citoyen Sergent, lui vote des remercîments, et arrête que la nouvelle dénomination des rues lui sera envoyée *(3e registre, page 205).* »

Sergent n'avait point fait une promesse qu'il ne voulût pas tenir; mais, par suite de sa proscription en juin 1795, il perdit tous ses cuivres, qui furent repolis ou fondus, et l'on n'a conservé que des épreuves — très-rares — des planches qu'il avait déjà gravées.

[5] Voici quelques lignes seulement que j'extrais de la première page de ce rapport :

« Nous allons, citoyens, nous occuper du sort des prisonniers, en ne vous déguisant rien de ce que nous croirons juste et utile..... Ici, l'homme sensible doit arrêter ses regards et contempler avec un douloureux intérêt le tableau de l'espèce humaine dégradée, avilie; c'est au milieu des haillons les plus hideux, sous un teint livide et plombé, qu'il retrouve son semblable étendu sur une paille infecte, respirant l'air méphitique d'un étroit et obscur cachot. Là cependant repose, auprès de l'assassin, le père de famille infortuné qu'un soupçon, que la calomnie ou un concours malheureux de circonstances ont arraché à son épouse et à ses enfants. L'innocent languit à côté du coupable; le même supplice leur est destiné !..... Nous vous répéterons ce que nous avons écrit déjà au Département de 1791 : Une misérable économie, lorsqu'il s'agit de rendre ces séjours propres et salubres, est un crime de lèse-humanité ! L'homme renfermé dans une prison, jusqu'à ce qu'il soit condamné, est présumé innocent; vous devez à lui, à sa famille, de ménager sa santé; vous devez le rendre vivant aux embrassements d'une épouse, d'un fils, ou, si vous l'avez laissé dépérir dans la retraite où vous le teniez attaché à la loi, vous devenez homicides !..... »

Il quitta l'administration de la police malheureusement trop tôt pour pouvoir réaliser le plan de réforme qu'il méditait; cependant il le fit appliquer, en 1793, dans la prison de sa ville natale.

[6] C'est tout à fait gratuitement que le marquis de Ferrières a dit dans ses *Mémoires*: « Deux officiers municipaux, Boucher-Réné et Sergent, ordonnèrent d'un ton impérieux d'ouvrir les portes, disant que personne n'avait le droit de les fermer. » Les pièces de l'enquête donnent à cette assertion un démenti formel, du moins en ce qui concerne Sergent.

[7] Un écrivain dont j'honore le caractère autant que j'admire son magnifique talent, M. de Lamartine, rapporte ainsi l'anecdote, dans ses *Girondins* : « Sergent, l'un des officiers municipaux qui accompagnaient Pétion, fut renversé par un garde national indigné et foulé aux pieds dans la cour même des Tuileries. » A cette exagération, sans doute involontaire, mais dont rien malheu-

reusement n'atténue le fâcheux effet, j'opposerai ce passage du *Moniteur*: « Paris, 22 juin. — Le conseil du département a pris un arrêté par lequel il charge le procureur-syndic de dénoncer au juge de paix de la section des Tuileries, un garde national qui a outragé hier, dans la cour des Tuileries, un officier municipal revêtu de son écharpe et dans l'exercice de ses fonctions. La garde nationale en a fait sur-le-champ ses excuses à l'officier municipal, et lui a demandé de désigner le coupable, pour qu'il fût livré à la rigueur des lois. »

Après ce que j'ai déjà raconté des relations de Sergent avec Robespierre, on comprendra dans quelle erreur est tombé le brillant historien de la Révolution, quand il a positivement affirmé que Sergent et Panis allèrent, quelque temps avant le 10 août, proposer aux chefs des Marseillais de déférer la dictature à Robespierre ! Que la démarche ait été faite par Panis, cela se peut; mais avec le concours de Sergent, c'est impossible.

8 En artiste amoureux de la forme, Sergent avait adopté cette devise: — *In intellectu nihil, nisi priùs fuerit in sensu.* — C'est la légende d'une très-curieuse estampe gravée par Émira, en l'an X, sur un dessin de son mari.

9 Sur la proposition de Sergent, le conseil municipal prit différentes mesures pleines de prévoyance et d'humanité, afin d'assurer la subsistance de cette masse énorme de volontaires dans le camp improvisé sous Soissons. Voir, pour les détails, le *Moniteur* du 2 août 1792.

10 Les auteurs de l'*Histoire parlementaire de la Révolution* disent qu'il fut jugé par le tribunal criminel, et qu'on le mit à mort le lendemain seulement (Tome XVII, page 409).

11 Sergent oublie que l'abbé Sicard, qui se trouvait parmi eux, fut épargné, à la prière de l'horloger Monnot.

12 Le comité de surveillance s'était plusieurs fois modifié, non-seulement dans son personnel, mais encore dans son organisation intérieure. Ainsi, lors de l'insurrection du 10 août, le nombre de ses administrateurs avait été, comme je l'ai dit, réduit à deux, puis le conseil général l'avait ultérieurement reporté

à quatre, par l'adjonction de Jourdeuil et de Duplain: enfin, le 2 septembre, *vu la crise des circonstances*, un arrêté de la Commune ayant autorisé Panis à se choisir de nouveaux collègues, celui-ci fit entrer dans le conseil d'administration Duffort, Lenfant, Cally, Deforgues, Guermeur (remplacé presque aussitôt par Leclère) et Marat, que le peuple avait, comme on sait, installé au comité de surveillance, quoiqu'il ne fît point partie des commissaires des sections.

[13] Voir principalement la *Biographie universelle des contemporains*, de Rabbe, Boisjolin et Sainte-Preuve.

[14] « Mandat du 4 septembre signé N..., Jé..., La..., commissaires de la Commune, visé M..., au profit de Gil..., Pet..., pour prix du temps qu'ils ont mis, lui et trois de ses camarades, à l'expédition des prêtres de Saint-Firmin, pendant deux jours, suivant la réquisition qui est faite auxdits commissaires par la section des Sans-Culottes, qui les a mis en ouvrage. Ci..... 48 livres *(Etat des sommes payées par le trésorier de la Commune)*. »

[15] Il est remarquable que Marat, dont on connaît la cynique franchise, tout en approuvant les massacres de septembre, ait constamment nié qu'ils eussent été l'œuvre de la Commune. On lit, par exemple, dans le Numéro XXII de son *Journal de la République française* : « Les événements désastreux des 2 et 3 septembre, que des perfides et des stipendiés attribuent à la municipalité, ont été uniquement provoqués par le déni de justice criminel qui a blanchi le conspirateur Montmorin; par la protection qu'il annonçait ainsi à tous les autres conspirateurs; par l'indignation du peuple, qui a craint de se voir esclave de tous les traîtres qui ont si longtemps causé ses désastres et ses malheurs; etc. »

Pour prouver, au contraire, que les massacres étaient prémédités par la Commune, M. Thiers raconte que, le 1er septembre, « Mme Fausselandry s'obstinait à vouloir suivre dans sa captivité son oncle l'abbé de Rastignac, et que Sergent lui répondit : « Vous » faites une imprudence, les prisons ne sont pas sûres. » (*Histoire de la Révolution*, tome II, page 313.) Mais, en admettant que le propos soit authentique, il s'expliquerait naturellement par les tentatives de révolte qui avaient eu lieu, le matin même, au

Châtelet et à Bicêtre, et il ne prouverait, de la part de Sergent, qu'une généreuse intention.

[16] Je reproduis le texte de cette fameuse circulaire, que peu de personnes connaissent, quoiqu'il en ait été souvent question.

« Un affreux complot tramé par la cour pour égorger tous les patriotes de l'empire français, complot dans lequel un grand nombre de membres de l'Assemblée nationale se trouvent compromis, ayant réduit, le 9 du mois dernier, la commune de Paris à la cruelle nécessité de se ressaisir de la puissance du peuple pour sauver la nation, elle n'a rien négligé pour bien mériter de la patrie : témoignage honorable que vient de lui donner l'Assemblée nationale elle-même. L'eût-on pensé ! Dès lors, de nouveaux complots non moins atroces se sont tramés dans le silence; ils éclataient au moment même où l'Assemblée nationale, oubliant qu'elle venait de déclarer que la commune de Paris avait sauvé la patrie, s'empressait de la destituer pour prix de son brûlant civisme. A cette nouvelle, les clameurs publiques, élevées de toutes parts, ont fait sentir à l'Assemblée nationale la nécessité urgente de s'unir au peuple, et de rendre à la Commune, par le rapport du décret de destitution, les pouvoirs dont il l'avait investie. Fière de jouir de toute la plénitude de la confiance nationale, qu'elle s'efforcera toujours de mériter de plus en plus; placée au foyer de toutes les conspirations, et déterminée à s'immoler pour le salut public, elle ne se glorifiera d'avoir rempli ses devoirs que lorsqu'elle aura obtenu votre approbation, objet de tous ses vœux, et dont elle ne sera certaine qu'après que tous les départements auront sanctionné ses mesures pour sauver la chose publique.

» Professant les principes de la plus parfaite égalité, n'ambitionnant d'autres priviléges que celui de se présenter la première à la brèche, elle s'empressera de se remettre au niveau de la commune la moins nombreuse de l'État, dès l'instant que la patrie n'aura plus rien à redouter des nuées de satellites féroces qui s'avancent contre la capitale. La commune de Paris se hâte d'informer ses frères de tous les départements qu'une partie des conspirateurs féroces détenus dans ses prisons a été mise à mort par le peuple : actes de justice qui lui ont paru indispensables pour retenir par la terreur les légions de traîtres cachés dans ses murs, au moment où il allait marcher à l'ennemi ; et sans doute la nation entière, après la longue suite de trahisons qui l'ont conduite sur les bords de l'abîme, s'empressera d'adopter ce moyen si nécessaire de salut public, et tous les Français s'écrieront comme les Parisiens : « Nous marchons à l'ennemi ; mais » nous ne laissons pas derrière nous ces brigands pour égorger » nos enfants et nos femmes. »

» Frères et amis, nous nous attendons qu'une partie d'entre vous va voler à notre secours, et nous aider à repousser les légions innombrables des satellites des despotes conjurés à la perte des Français. Nous allons ensemble sauver la patrie, et nous vous devrons la gloire de l'avoir retirée de l'abîme.

» *Les membres du comité de surveillance administrateurs du salut public et les administrateurs-adjoints réunis.*

» *Signé* : P.-J. Duplain, Panis, Sergent, Lenfant, Jourdeuil, Marat *l'ami du peuple*, Deforgues, Leclère, Duffort, Cally, *constitués à la Commune et séant à la mairie.*

» Paris, le 3 septembre 1792. »

La plupart des historiens ont interpolé ou tronqué cette importante pièce politique. Dulaure et M. Thiers, qu'il faut ranger parmi les plus infidèles, omettent, je ne sais pourquoi, les signatures de Cally, Leclère et Deforgues.

17 « Vergniaud : ..... Elle est datée du 3 septembre (la circulaire), et c'est dans la nuit du 2 au 3 qu'un homme contre lequel je n'avais jamais proféré que des paroles d'estime, que Robespierre, dans cette nuit terrible, disait au peuple : qu'il existait un grand complot qu'il dénonçait au peuple seul, parce que seul il pouvait le faire avorter.....

» Sergent : Cela est faux !

« Vergniaud : Comme je parle sans amertume, je me féliciterai d'une dénégation qui me prouvera que Robespierre aussi a pu être calomnié, etc. » (*Moniteur* du 27 septembre 1792).

18 « Séance du conseil général du 6 septembre au soir.

» M. Bernard occupe le fauteuil.

» M. Sergent monte à la tribune. Il développe les moyens odieux que l'on emploie pour calomnier le peuple ; il dépeint sa bonté, sa générosité, sa justice, au milieu même de ses plus terribles vengeances ; il se plaint de ce qu'on répand le bruit atroce d'un projet de piller les magasins et les gens riches; il s'étend avec complaisance sur les preuves que le peuple a données si souvent de son respect pour les propriétés; il avance ce principe si vrai et si fécond par ses heureuses conséquences en politique, que, pour rendre quelqu'un vertueux, il faut paraître croire à sa vertu.

» Se résumant, il conclut à ce que le conseil général arrête une adresse ou proclamation conçue de manière que le peuple sente ses vertus et craigne de les ternir.

» M. Sergent est invité à rédiger lui-même cette adresse, et à en faire part sur-le-champ au conseil. *(Extrait des procès-verbaux de la Commune).* »

19 Sergent a raconté cette histoire en détail dans la *Revue rétrospective.* (1re Série, tome IV, pages 337 et suivantes.)

20 « *Convention nationale. — Séance du* 9 *novembre* 1793.

» Sergent : Dans le discours que vous venez d'entendre, l'orateur, par un penchant irrésistible pour tout homme sensible et tout ami de la liberté, a rendu un éclatant hommage au vertueux, au sublime, à l'immortel J.-J. Rousseau. Ce discours et cet hommage me rappellent que l'Assemblée constituante, dans les jours où elle était digne encore de la confiance nationale, a décrété qu'il serait élevé une statue à l'auteur d'*Emile* dans une de nos places publiques. Cette loi est restée sans exécution. Pourquoi? Parce qu'un roi fourbe a continuellement desservi la philosophie; parce qu'ensuite un ministre jaloux, qui se faisait appeler vertueux, a craint que la gloire de Jean-Jacques ne portât le flambeau dans son hypocrisie; c'est de Roland que je veux parler. Je demande que la statue de Rousseau soit enfin élevée dans une de nos places (On applaudit). — Cette proposition est décrétée. (*Moniteur* du 8 novembre 1793). »

21 « *Convention nationale. — Séance du* 13 *avril* 1793.

« — Sur la proposition de Sergent, qui annonce que des malveillants ont dégradé des chefs-d'œuvre de sculpture placés dans le jardin des Tuileries, il est décrété que ceux qui seront convaincus d'avoir mutilé, cassé les chefs-d'œuvre de sculpture dans ce jardin et autres lieux publics seront punis de deux années de détention. Le ministre de l'intérieur est chargé de faire faire, dans le jardin des Tuileries, des patrouilles, le soir, pour la conservation de ces monuments (*Moniteur* du 16 avril 1793). »

Séance du 4 juillet.

» SERGENT, *au nom du comité d'instruction publique :* Citoyens, vous avez rendu un décret qui condamne à deux années de fers ceux qui mutileraient les chefs-d'œuvre placés dans le Jardin-National, ci-devant des Tuileries; malgré ce décret, on y fait des dégradations tous les jours. Cela vient de ce que personne ne veille à la conservation de ces monuments, que nos descendants admireront comme nous admirons aujourd'hui les chefs-d'œuvre sortis des mains du peuple de Rome. Les soldats invalides avaient autrefois la garde du Jardin-National; le comité vous propose de les rétablir dans ce poste. — Après une légère discussion, le projet présenté par Sergent est adopté (*Moniteur* du 6 juillet 1793). »

22 Un an plus tard, dans la séance du 20 septembre 1793, Sergent exprimait la même pensée, à propos d'une motion de Jean-Bon Saint-André touchant l'incorporation des grenadiers et des chasseurs de la garde nationale dans les compagnies non privilégiées. « Cette incorporation, disait-il, a été décrétée le 12 août dernier. Elle s'est exécutée dans Paris et dans la plus grande partie de la République. Il n'est donc pas nécessaire de rendre un décret nouveau. *C'est en multipliant les lois sur le même objet qu'on les avilit.* Il faut que les municipalités soient tenues, sous peine de destitution, de faire, sous quinze jours, exécuter la loi qui détruit les compagnies de grenadiers et de chasseurs. Ce décret comminatoire est le seul que vous ayez à porter en ce moment (*Moniteur* du 22 septembre 1793). »

23 *Moniteur* du 19 octobre 1792.

24 *Procès-verbaux des élections communales* des 17 et 23 octobre. Lors de la formation du ministère dit *patriote*, au mois de mars précédent, on avait offert à Sergent le portefeuille de l'intérieur; mais, malgré l'importance que lui eût donnée cette position nouvelle, Sergent l'avait refusée, ne voulant, disait-il, remplir que des fonctions électives.

25 On sait que la Convention, divisée sur la peine à infliger à Louis, fut unanime pour le déclarer coupable.

[26] « *Convention nationale. — Séance du* 10 *février* 1793.

« Panis : Je suffoque d'indignation ! Je ne conçois pas comment on s'acharne à nous demander des comptes ; nous n'avons point de comptes à rendre ; nous n'avons jamais eu un denier, un assignat en dépôt. Lors de la révolution du 10, j'aperçus, parmi nous, beaucoup de gens inconnus ; je demandai qu'on mît de l'ordre dans la gestion. Je suis sûr qu'on n'a rien dérobé, ou du moins très-peu de chose. Le trésorier était un homme d'une probité reconnue. On a dit qu'il y avait un manque de vingt mille livres ; il est possible que, dans le tourbillon des événements, il se soit glissé un fripon sous le masque du patriotisme ; mais on ne croira jamais que mes collègues et moi, connus par trente ans de probité, nous ayons pris une montre, par exemple. Nous avons dit au trésorier : « Constatez, avec les commissaires des sections » et ceux de la Commune, les effets qui manquent ; alors on agi» tera la question de la responsabilité, et l'on verra si nous, qui » n'avons jamais rien eu en dépôt, nous devons payer le dé» ficit... »

« Lamarque : Il est aisé de voir que c'est bien moins l'intérêt de la Commune, l'intérêt de la République, que celui des plus petites passions dont on vous a fait entendre la voix. Il est temps, citoyens, de faire cesser ces misérables dénonciations avec lesquelles on corrompt, chaque jour, l'esprit public, et on fait croire dans les départements que nous sommes désunis... »

« Fréron : Les membres du comité de surveillance ont conservé 800,000 livres qui n'étaient point consignées dans les procès-verbaux. Certainement, s'ils eussent été capables de détourner quelques objets, ce n'aurait pas été ceux dont il existe des procès-verbaux.

» L'assemblée passe à l'ordre du jour pur et simple (*Moniteur* du 8 février 1793). »

[27] *Révolutions de Paris,* N° CLXXVII.

[28] « Panis ne veut pas entendre parler de comptes. Son collègue a écrit, disait cauteleusement Prudhomme ; mais il n'en reste pas moins entaché de la qualification de *Sergent-Agate*, que lui donnent quelques mauvais plaisants que nous sommes loin de croire et d'approuver (*Révolutions de Paris,* n° CLXXXIX.). »

[29] Cette proposition fut décrétée en ces termes (séance du 24 avril 1793) :

« Tous les objets d'art et de science, tableaux, statues, estampes, dessins, bronzes, vases, porcelaines, médailles, meubles précieux, ne pourront être vendus séparément dans les ventes particulières. Ils seront réunis pour former des ventes indiquées par affiches, avec distribution de catalogues ; et le directoire du département de Paris, ainsi que les directoires de district, nommeront, pour cet effet, des artistes ou marchands qui font habituellement ces ventes. »

[30] « La motion de Sergent est adoptée comme il suit :

» Art. I. Il sera adjoint au comité huit membres qui seront chargés de recevoir avec lui les matières précieuses d'or et d'argent qui seront déposées dans le sein de la Convention, provenant des dépouilles de la superstition.

« II. Ces huit membres seront chargés, avec les commissaires inspecteurs, de remettre à la Monnaie ces objets, d'en dresser procès-verbal, d'assister à la vérification de leur poids, et d'en donner décharge aux députés des communes.

» III. La commission des monuments chargera trois de ses membres de se transporter soit au comité d'inspection, soit à la Monnaie, pour distraire les objets précieux d'art qui dépendront de ces matières déposées, et en dresser procès-verbal conjointement avec les commissaires d'inspection. »

Le même membre fait rendre le décret suivant :

» Art. I. Il sera créé une commission composée de douze membres. Le comité des finances nommera deux de ses membres; le comité de législation, deux ; le comité de sûreté générale, le comité d'inspection, deux ; les comités d'instruction et des monuments, chacun deux. Ces douze membres composeront ladite commission.

» II. Cette commission est spécialemeut et uniquement chargée de proposer un projet de loi conservatoire, au moyen duquel les objets offerts à la patrie, les matières d'or et d'argent et autres objets précieux dont la nation se trouve et se trouverait en possession, soient fidèlement recueillis ou vendus, ou convertis en monnaie, et que la responsabilité des agents employés à la manutention de ces objets ne soit pas illusoire (*Moniteur* du 14 novembre 1793). »

31 « Sergent reproduit son projet de décret sur le Muséum de la République. Ce projet est adopté en ces termes :

» Art. I. Le ministre de l'intérieur donnera des ordres pour que le Muséum de la République soit ouvert le 10 août prochain dans la galerie qui joint le Louvre au Palais-National.

» II. Il y fera transporter aussitôt, sous la surveillance des commissaires des monuments, les tableaux, statues, vases, meubles précieux, marbres, déposés dans les maisons des Petits-Augustins, dans les maisons ci-devant royales, et dans tous les autres monuments publics et dépôts, excepté ce que renferment actuellement le château de Versailles, les jardins et les deux Trianons, qui est conservé, par un décret spécial, dans ce département.

» III. Il y fera également transporter les peintures et statues, bustes antiques, etc., qui se trouveront dans toutes les maisons ci-devant royales, châteaux, jardins, parcs d'émigrés, et autres monuments nationaux.

» IV. Il sera mis à la disposition du ministre de l'intérieur, par la trésorerie nationale, provisoirement, une somme de cent mille livres par an, pour faire acheter, dans les ventes particulières, les tableaux ou statues qu'il importera à la République de ne pas laisser passer dans les pays étrangers, et qui seront déposés au Musée sur la demande de la commission des monuments (*Moniteur* du 30 juillet 1793). »

32 Il s'agissait de lettres de cachet dont cet ancien ministre de la guerre avait fait usage, notamment contre le sous-lieutenant Davoust, alors que ce moyen arbitraire d'incarcération venait d'être formellement aboli par un décret de l'Assemblée constituante.

33 « Le citoyen Sergent, député de la Convention et envoyé dans ce département pour y faire la recherche des monuments des sciences, lettres et arts, invité par le conseil aux honneurs de la séance, demande et obtient la parole.

» Il fait lecture d'une lettre du général Marceau, né en cette commune, et ayant le commandement en chef des armées de l'Ouest et de Brest, qui donne des détails sur les succès qu'ont obtenus les armées qu'il commande à la fameuse journée du Mans, où les rebelles ont reçu un échec irréparable.

» Le conseil général, considérant que c'est à ce jeune républicain Marceau, né dans ses murs, commandant les armées de l'Ouest et de Brest, que le département d'Eure-et-Loir doit son salut; que sa valeur et son courage n'ont pas peu contribué à préserver son territoire de l'invasion des brigands fanatisés, qui seraient venus piller les subsistances qu'il renferme et ravager ses campagnes;

» Arrête unanimement que mention honorable du courage et du zèle du républicain Marceau sera faite en son procès-verbal; qu'extrait lui en sera envoyé par le président du conseil, chargé de lui marquer la satisfaction que ressent le conseil général de voir l'un de ses concitoyens à la tête de deux armées, et qui s'y conduit avec autant de zèle que de patriotisme (*Délibérations du conseil général d'Eure-et-Loir*, 3e registre, page 199). »

34 Le rapport de Sergent mérite, à plusieurs titres, d'être recueilli pour l'histoire. Je le donne ici textuellement, sans même en retrancher les parties déclamatoires et exagérées, qui portent le cachet de l'époque. L'ardent montagnard s'était laissé gagner par l'effervescence antireligieuse qu'excitaient les haines politiques; il eut ce tort, et je ne veux point l'en absoudre; sa mort a prouvé, d'ailleurs, qu'il l'avait reconnu lui-même.

« *Conseil général d'Eure-et-Loir. — Séance du 4 nivôse an II.*

» Le citoyen Sergent, député de la Convention, demande et obtient la parole. — Il fait à l'assemblée, sur la décoration du temple de la Raison, le rapport qui suit :

» Citoyens,

» Combien elle sera intéressante dans vos annales, cette époque où la raison, en parlant à toutes les ames, remporta la victoire sur le fanatisme, et détruisit d'antiques et absurdes préjugés! Glorifions-nous, vous de vos arrêtés, moi de ce rapport que vous m'avez ordonné de vous faire. Ils nous feront plus d'honneur dans la postérité que les misérables et plates narrations de moines imbéciles, de fanatiques rédacteurs de parchemins. Ces prêtres, ignorants ou menteurs, ne nous avaient transmis que de ridicules rapsodies de miracles qui n'avaient été utiles qu'à eux; et nous, nous donnerons à nos enfants à admirer les progrès de la philosophie naturelle et de la vérité. Ce miracle vaut bien sans doute ceux de saint

Fulbert et de saint Yves, qui n'eurent que le secret d'enrichir cette église dont nous allons nous occuper.

» Mais, citoyens, la piété crédule de nos ancêtres nous a transmis un trésor précieux qui fera volontiers oublier leurs erreurs et tant de siècles d'ignorance. — Je veux parler de cet édifice superbe qui avait été érigé par eux pour le culte de Marie.

» La cathédrale de Chartres offre des beautés qui ont sans cesse fixé l'attention de tous les voyageurs, et attiré dans ce pays les amateurs de l'architecture gothique. C'est, en effet, l'un des monuments de ce genre les plus hardis et de l'antiquité la mieux reconnue qu'il y ait en France. Il semble que la dévotion que les prêtres avaient su inspirer pour cette vierge magotine, que nous avons fait brûler le décadi dernier, ait appelé et animé tous les artistes les plus célèbres de ce temps pour construire cet édifice. Tout y porte le caractère de la perfection : style, hardiesse de construction, voûtes, clochers, sculptures en tous genres, vitraux ; on y trouve tout cela réuni dans le goût d'alors le plus grand et le plus pur.

» Conservons donc avec soin ce monument ! que jamais la hache et le marteau ne l'entament! Il sera toujours, pour Chartres, une richesse ; car il offrira toujours aux amateurs des arts, aux étrangers, un objet d'étonnement et d'admiration ! Et, lorsque la liberté sera bien assurée par l'affermissement de la République, devant laquelle bientôt tous les tyrans se courberont, nous verrons accourir de toutes les parties de l'univers des hommes qui nous apporteront encore leur or en venant prendre l'exemple de nos vertus, et nous enrichiront en venant s'éclairer. Nos mœurs, nos usages, nos spectacles, nos académies, les attiraient en foule ; que sera-ce lorsqu'ils trouveront chez nous la liberté, l'égalité, les institutions sociales les plus belles, et des fêtes nationales dignes d'un peuple puissant et plein de goût ?

» Avant de vous parler des légers changements à faire à votre temple, je dois vous entretenir, citoyens, des fêtes qui doivent nécessairement remplacer celles que la superstition avait consacrées. Nous avons abjuré une religion dont les pratiques et les dogmes concouraient à envelopper de nuages épais et grossiers notre raison, notre intelligence ; mais nous avons trouvé, dans ses principes, la religion sainte qui est née dans l'ame de tous les peuples. Nous avons détruit, renversé les autels que Rome moderne avait élevés par les mains du mensonge et de l'ignorance, et nous commençons d'aujourd'hui à avoir une religion. Eh bien, pour y attacher le peuple, établissons aussi son culte, mais tel qu'il lui convient... La simplicité, l'abandon, une aimable confusion, sont des caractères infiniment précieux, je l'avoue; mais ils ne sont bons et propres qu'à une petite société composée d'hommes qui sortent, en quelque façon, des mains de la nature. L'offrande d'un gâteau de miel, d'une brebis blanche et parée de fleurs, d'une corbeille de fruits, sur un autel de gazon auprès duquel coulait un ruisseau, étaient des sacrifices infiniment intéressants dans l'enfance de l'espèce humaine; on y assistait avec un respect religieux. Aujourd'hui, ce spectacle ne dirait rien à nos sens. Nos ames, accoutumées à des cérémonies pompeuses, théâtrales, à des représentations ornées de tout ce que les beaux-arts réunis peuvent offrir de plus magnifique, ne sauraient être émues par ces scènes pastorales qui flattaient tant nos premiers pères.

» En effet, citoyens, avez-vous entendu battre des mains, en signe d'allégresse, à la vue de ce spectacle vraiment patriarcal et politique que j'ai introduit dans la fête du dernier décadi, et qui, à Paris, ne produisit pas non plus, à la fête de la Réunion, tout l'effet qu'on en devait attendre?... Le spectacle de ces deux vieillards de l'un et l'autre sexe suivant une charrue conduite par l'aîné de leurs enfants, portant, avec les plus jeunes, de petites gerbes de blé et d'autres grains, a-t-il paru attirer et fixer tous les regards attendris?... Non. Je parie que la figure de la Liberté, précédée et suivie de canons, s'est fait bien autrement remarquer. Nous ne sommes plus assez près de la nature pour ne parler que son langage dans nos fêtes nationales. Empruntons quelque chose à la poésie. Je vous demanderai donc qu'après avoir deux fois consacré le principe de l'égalité par la confusion de tous les hommes, vous rétablissiez les marches pompeuses qui plaisent tant au peuple, qui y est habitué. Pour l'empêcher de regretter une chose, il faut a remplacer par une autre qui ne lui soit pas inférieure. Ce qui flatte les sens l'attache.

» Chaque décadi, vous irez de bonne heure au temple pour y célébrer le culte de la Raison et de la Liberté. Je voudrais que l'on y marchât en pompe et avec dignité; que le peuple y conduisît ses magistrats, en les prenant dans le lieu de leurs séances; que ceux-ci y parussent avec le bonnet de la liberté et les marques distinctives de leurs fonctions; qu'ils eussent dans le temple leurs places réservées ; car l'égalité n'est point détruite quand les fonctionnaires, réunis en corps, sont distingués des autres citoyens. Ils sont alors obligés eux-mêmes à garder une contenance qui donne le mouvement et l'exemple, parce qu'ils fixent les regards. Et puis il faut aussi que le peuple s'accoutume à voir avec une espèce de respect les magistrats qu'il a élus; car c'est de ce sentiment qu'ils tirent la puissance dont ils ont besoin pour gouverner d'après et au nom des lois.

» Une autre vérité que la réflexion vous fera sentir, c'est qu'un magistrat infidèle ou injuste craint toujours la présence de ses concitoyens. Il se croit en sûreté dans son bureau, parce que, de là, il commande à tous par la tyrannie qu'il exerce ; mais son ame est troublée, il sent le remords, il est convaincu de sa faiblesse, lorsqu'il se trouve au milieu de ses égaux. Pour donner un frein aux magistrats, obligeons-les de paraître souvent devant nous, et, pour cela, qu'ils figurent en corps dans nos fêtes publiques.

» A côté des magistrats, qui seront élevés sur des amphithéâtres dans les temples, donnons une place honorable à la vieillesse. A Rome, à Sparte, à Athènes, le sénat, les archontes, les édiles, présidaient aux jeux, aux fêtes, aux triomphes, et les vieillards y recevaient toujours des honneurs. Au bas de l'amphithéâtre où se placeraient les vieillards des deux sexes, seraient assis les enfants, que j'obligerais à se lever lorsque ces personnages respectables arriveraient. A Rome, quand les vieillards paraissaient dans les vastes amphithéâtres, tout le monde restait debout jusqu'à ce qu'ils fussent assis. — Pourquoi les instituteurs n'ont-ils pas paru à la dernière cérémonie avec leurs élèves ?...

» De l'autre côté, un amphithéâtre servirait à placer les femmes enceintes et celles qui nourrissent leurs propres enfants. La mère qui porte dans son sein une intéressante créature qui sacrifiera tout, un jour, pour le bonheur de la République, est un être sacré pour la patrie. Honte et malheur à celui qui ne sait pas respecter cette bonne citoyenne ! Déjà nous avons vu, à Paris, cette moralité si bien établie, que, dans les distributions de pain, qui se font avec inquiétude et affluence à la porte des boulangers, on ne souffre point que les femmes enceintes prennent leurs places et leurs numéros. On les fait mettre à part, et le peuple leur distribue lui-même les premiers pains qui sont délivrés. Dans nos cérémonies, nos spectacles, quand, au milieu de la foule, on aperçoit une femme dans cet état, on s'empresse de s'écarter d'elle, de lui offrir un espace assez large, jusqu'à ce qu'elle soit à l'abri ; et quiconque oserait s'y refuser serait maltraité et même arrêté !

» Au milieu de ces amphithéâtres s'élevera une tribune à laquelle seront appelés tous les citoyens qui se sentiront la facilité de pouvoir dire des choses utiles pour l'instruction publique.

» Chaque renouvellement de saison pourrait être célébré par une fête dont tous les ornements seraient analogues. Par exemple, la fête de la moisson, pour l'été; de la vendange, pour l'automne; des fleurs, pour le printemps ; de l'amitié et de l'hospitalité, pour l'hiver. Ce sera le moyen d'attacher le peuple au nouveau culte que de lui rappeler par des images les époques où la nature éprouve d'heureuses métamorphoses. — Pour donner à ces fêtes un agrément, il faut que la musique en fasse le principal fonds ; mais que cette musique parle à l'ame, et dans le langage de la révolution, de la liberté ; que les morceaux respirent tantôt une ardeur guerrière, tantôt l'allégresse qu'inspire la liberté ; que les chants soient des hymnes patriotiques, des odes à l'égalité, des plaintes sur la mort des grands hommes. Paris vous fournira de ces morceaux, qu'on y enfante tous les jours. Vous avez des musiciens qui étaient attachés au culte romain dans la cathédrale ; il y avait des fonds destinés à les payer ; jusqu'à ce qu'une loi les supprime, ce qui, je crois, n'aura pas lieu, continuez les appointements, et que, tous les décadis, ils exécutent des motets civiques. Vous pourriez même — et ce serait encore les obliger à un travail inférieur à celui qu'ils avaient ci-devant — employer ces artistes à l'orchestre de votre théâtre ; ce qui ne les empêcherait pas d'exercer, s'ils le voulaient, un autre état ; et vous accoutumeriez le public à entendre de bonne musique, et à en prendre le goût.

« Mais, comme les bonnes mœurs et la sévérité sont deux caractères propres à des républicains, je vous engagerai à concourir à l'établissement des unes par l'autre, et à donner, de temps en temps, à vos fêtes publiques le ton qui pourra montrer la vertu dans tout son éclat et faire rougir l'homme vicieux. — Pour cela, voici ce que je proposerais :

» L'inscription, à la municipalité, de tous les citoyens âgés de 60 ans et au-dessus ; l'impression et l'affiche de cette liste, pendant vingt jours, aux portes du temple et autres lieux publics ; — le décadi suivant, après la cérémonie, les citoyens éliraient, à voix haute ou par le scrutin fermé, dix de ces vieillards, qu'on appellerait le *Conseil des Sages*, et qui seraient choisis parmi les plus instruits et les plus prudents ; ce conseil aurait, à chaque fin de mois, une place distinguée dans le milieu du temple, sur un amphithéâtre, pour y prononcer des jugements en faveur de la vertu et contre le vice. Ce serait eux qui distribueraient les récompenses nationales : aux citoyens, une épée, un sabre, un fusil, toujours égal à tous les autres ; aux femmes, un ouvrage moral propre à développer leurs connaissances ; à quelques-unes, le baiser fraternel. Toutes les familles alors s'intéresseraient à cette cérémonie et y assisteraient avec le calme et l'enthousiasme que leur en inspirerait le motif.

» Il serait pratiqué, dans l'un des endroits reculés du temple, une espèce de coffre ou tronc en marbre surmonté de la figure de la Vérité, dans lequel tous les citoyens déposeraient leurs dénonciations, leurs réclamations, soit contre les fonctionnaires publics, soit contre différents citoyens. Ce dépôt serait fermé par trois clefs qu'alternativement auraient trois membres du Conseil des dix. — A la seconde décade, ils ouvriraient cette caisse redoutable et sacrée, enlèveraient les papiers qu'elle contiendrait, les examineraient, et, après s'être bien instruits, avec toute la prudence dont ils seraient capables, de la vérité des faits dénoncés, ils en feraient un rapport patriarcal, fraternel, sans passion et sans nommer personne. — Ainsi, si un citoyen non fonctionnaire public s'était rendu coupable de l'un de ces délits que la loi n'atteint pas, tels que l'immoralité, les mauvaises mœurs, le scandale public, l'ingratitude envers les parents directs, l'abandon envers les auteurs de ses jours, ou de ses propres enfants, tous ces délits qui ne sont punis que par l'opinion, le rapport qui en serait fait publiquement, et qui lui mériterait l'improbation du peuple, serait pour lui une punition suffisante.

» Mais, pour corriger les êtres faibles plutôt que méchants, pour les retirer du précipice en bons pères plutôt qu'en juges sévères, les membres du Conseil ne nommeraient pas les citoyens qui auraient mérité cette censure. Leurs noms seraient cachés avec soin, à moins que, censurés déjà quatre fois, ils ne s'exposassent à l'être une cinquième pour les mêmes délits, auquel cas leurs noms seraient insérés au rapport. — Etablissez ce tribunal, propre à ramener le règne de la vertu, des mœurs et de la liberté, et jamais il ne sera ébranlé dans vos murs. Que la fin de chaque mois soit consacrée à récompenser la vertu dans quelque genre que ce soit. Développez, mettez à la distribution des récompenses de la pompe, et vous attirerez le peuple à cette fête. Que le premier décadi du mois suivant soit employé par la censure du tribunal, et la curiosité y amènera la foule. — Ce sont des idées générales que je soumets à vos lumières et à votre sagesse ; mais pressez ces établissements ; le peuple a besoin de fêtes pour remplacer son antique superstition.

» *Idées sur le temple.* — Je vous propose d'arrêter : 1° Qu'il ne sera détruit aucun des morceaux de sculpture qui ornent l'extérieur de ce temple, qu'il importe de conserver à la postérité. L'histoire et les arts le réclament ; 2° Qu'il sera fait défense à tous citoyens d'arracher ou de mutiler ces morceaux de sculpture ; et qu'à cet effet, vous ferez peindre sur de grandes tables, à l'extérieur des portes, le décret du 13 avril dernier qui condamne à deux années de fers ceux qui mutileront les statues et les monuments publics.

» Il n'est pas moins important de ne pas détruire, autour du chœur, ces tableaux qui représentent l'histoire de Marie et de Jésus. Elevons-nous déjà à la hauteur où nos enfants seront placés. Voyons et montrons ces tableaux comme de vieilles fables qui serviront un jour à écrire l'histoire des religions, et aux artistes à suivre le développement de leur art. Il y a dans ces tableaux des morceaux qui offrent de grandes beautés, qui font honneur à nos anciens maîtres. — Combien je regrette d'avoir vu que déjà quelques-unes de ces figures ont été abattues et mutilées par un esprit de vertige de quelques citoyens qui ont pensé qu'en détruisant les préjugés, il fallait en détruire aussi les traces historiques ! Et où en serions-nous si les chrétiens eussent brisé toutes les statues et tous les bas-reliefs des païens !... Nous ne posséderions pas des antiques précieux qui nous attestent la sublimité du talent des artistes grecs. Détruisons les signes de la royauté ; mais laissons à la critique et à la philosophie un point d'appui dans les monuments. Ordonnons donc que ces morceaux de sculpture seront conservés. Tel est l'esprit de nos lois, et telles sont les intentions de la Convention nationale.

» On peut abattre, par exemple, ces misérables chapelles qui forment le tour du temple, arracher toutes les grilles, les envoyer, pour fabriquer des armes, à Paris ; elles serviront à repousser nos ennemis. Renversez les autels qui ornent ces chapelles ; qu'à leur place on mette deux ou trois tombes en marbre et vos anciens autels de cette forme, celui de la chapelle de l'évêché, entre autres, qu'il faudra bien conserver, comme un ouvrage précieux ; faites-les surmonter d'urnes en bronze ou en plomb, sur le pied desquelles on lira : *Aux mânes des défenseurs de la patrie... morts le* 10 *août... morts sur les frontières, etc.*

» Les grands bas-reliefs en marbre blanc qui ont été depuis peu exécutés dans le chœur ne valent pas la peine d'être conservés et déparent le monument. Leur travail est d'un mauvais goût, en outre que les sujets n'ont rien d'intéressant ; car, si le mérite de l'exécution pouvait les sauver, je vous dirais : Quel que soit le trait historique de chacun d'eux, il faut le transmettre à la postérité. Mais, en les enlevant, vous en conserverez deux qui, reposés par derrière, vous serviront à faire graver la sublime déclaration des Droits de l'homme, et sur une autre les époques célèbres de la Révolution : *La Bastille conquise, le* 14 *juillet* 1789. — *La famille royale amenée à Paris, le* 6 *octobre.* — *Trahison de Louis, fuite à Varennes, le* 21 *juin* 1791. — *Massacre des citoyens au Champ-de-Mars ou de la Fédération, le* 17 *juillet.* — *Renversement du trône, le* 10 *août* 1792. — *La République française une et indivisible, le* 21 *septembre.* — *Supplice du dernier tyran, le* 21 *janvier* 1793. — *Conspiration contre l'unité, vengée les* 31 *mai et* 2 *juin.* Ces deux tables de marbre seraient placées dans le bas du temple, à côté des piliers où étaient autrefois les bénitiers, et mises à portée des citoyens pour qu'ils pussent les lire.

» Au milieu du temple, entre les deux bras de la croisée, on fera élever une tribune en pierre, d'une belle forme, pour les orateurs. On se servira, pour cela, des deux lourds massifs en pierre qui ferment l'entrée du chœur (construction moderne). Les quatre figures qui y sont placées, avec de légers changements, deviendront des vertus républicaines. L'Humanité, que l'une d'elles représente, est déjà celle qui doit nous convenir ; cette Humanité, qui foule aux pieds une couronne, deviendra dans nos mains l'Égalité : nous lui donnerons un niveau. La Religion sera ornée d'une pique et d'un bonnet, et nous en ferons la Liberté, ou d'un miroir, et ce sera la Vérité. L'Espérance sera transformée, par un nouveau trône, en la déesse du Commerce; — et voilà nos vertus. On montera à cette tribune par deux escaliers en pierre. Des deux côtés, contre les gros piliers, seront élevés les amphithéâtres pour les vieillards et les femmes. Derrière, adossés aux deux autres piliers, seront placés, d'un côté les musiciens, de l'autre les autorités.

» Nous ouvrons le chœur ; il sera accessible comme la nef. Plus de grille ; elle ira aussi se transformer en fusils, en piques et en sabres ; et ses ferrures nous feront la monnaie qu'on doit appeler *décimes*.

» Les bas-reliefs de marbre, et les stalles ôtées, nous percerons à jour, entre les piliers, en abattant ces petits massifs qui sont au-dessus des tableaux sculptés de l'histoire de Marie et de Jésus. Il n'y a rien de très précieux à conserver dans cette partie intérieure du chœur jusqu'au sanctuaire (vieux style); nous l'abandonnons donc au marteau.—Mais il faudra conserver le tour extérieur du sanctuaire avec beaucoup de soin, parce qu'il y a des choses étonnantes en sculpture, et d'un goût qui fait presque honte à notre siècle!

» Quant à la figure de l'Assomption (vieux style), il faut appeler le sculpteur qui l'a formée, pour y faire les changements nécessaires, et n'en confier le soin, à son refus, qu'à un habile homme. Ce morceau doit être respecté par tous les hommes médiocres qui voudraient, disons mieux, qui oseraient y toucher. Songez qu'il appartient à la République, qu'elle a intérêt qu'il reste sans tache, et qu'un ignorant lui ôterait tout son prix !

» Voilà, citoyens, un aperçu des changements que vous pouvez faire à votre temple, qui seront peu coûteux, que vous pourrez faire promptement. Je les résume :

1° Détruire toutes les chapelles; 2° envoyer les grilles à la fabrique d'armes; 3° ménager la sculpture tant intérieure qu'extérieure ; 4° abattre ce qui a été rapporté entre les piliers du chœur, depuis le bas jusqu'au sanctuaire, pour faire des ouvertures dans le genre des deux portes latérales; 5° ne laisser que l'histoire de Marie et de Jésus autour du chœur, et la sculpture autour du sanctuaire ; 6° laisser les deux autels en tombeau des deux côtés de la croisée, et abattre les colonnes qui formaient des autels ; les remplacer, sur le mur tout nu, par une urne avec une inscription ; 7° faire poser dans la chapelle du fond l'autel de l'évêché, avec une urne ; 8° enlever les bas-reliefs en marbre blanc, qui sont mauvais ; 9° faire construire, avec les deux massifs du devant du chœur, une tribune aux harangues à l'antique ; 10° faire placer dans le bas du temple deux tables de marbre où seront gravés les Droits de l'homme, et les époques de la Révolution ; 11° faire placer au-dessus de ces amphithéâtres deux figures en albâtre que j'ai trouvées à Saint-Père ; l'une représentera la Fécondité, et sera au-dessus de l'amphithéâtre des femmes ; l'autre, la Sagesse, et sera au-dessus de celui des vieillards ; 12° dans une des chapelles, on placera un piédestal en marbre où sera posée la figure de la Vérité ; et ce sera dans ce piédestal que les citoyens déposeront les pièces qui serviront au tribunal des Sages. »

« Le Conseil général adopte unanimement le projet du citoyen Sergent, lui en témoigne sa reconnaissance par des applaudissements, en ordonne la mention honorable dans son procès-verbal, et arrête l'impression dudit rapport.

» Et, pour l'exécution dudit projet, arrête qu'il va être nommé une commission de quatre membres qui s'adjoindront les artistes qu'ils jugeront convenable.

» Le bureau propose et l'assemblée accepte pour commissaires les citoyens Périer, Malin, Sainsot et Chambrette. (*Délibérations du Conseil général d'Eure-et-Loir*, 3e registre, pages 207 et suivantes.) »

35 « ..... Sur une nouvelle observation de Sergent, le conseil général, considérant que, dans les fêtes qui ont lieu tous les décadis dans le temple de la Raison, l'orgue est l'instrument le plus propre à contribuer à l'éclat de la fête dans un édifice aussi vaste que le temple, arrête unanimement que l'orgue du temple sera conservé, et que les citoyens Prota et Martin, artistes en ce genre, seront invités à toucher de cet instrument tous les décadis (*Délibérations du conseil général d'Eure-et-Loir,* 3e reg. page 199). »

36 *Moniteur* du 5 germinal an III (25 mars 1795).

37 *Moniteur* du 6 germinal.

38 *Moniteur* du 2 germinal.

39 En voici une preuve :

« *Convention nationale. — Séance du 11 floréal.*

» Sergent : ..... Je fais observer à la Convention que c'est par les discussions que la confiance publique s'établit. Les renvois que l'on fait continuellement aux comités semblent venir d'une négligence de notre part, d'une paresse qui fait que nous aimons à nous décharger des mesures difficiles sur quelques-uns d'entre nous. Citoyens, discutons nous-mêmes toutes nos affaires ; c'est du choc des opinions que jaillit la lumière. Il faut montrer au peuple, par nos discussions, que nous prenons tous part aux délibérations, et qu'elles ne sont que le résultat de nos lumières réunies (*Moniteur* du 15 floréal an III). »

40 « *Convention nationale. — Séance du 2 prairial.*

« Sergent : Notre sensibilité, notre amour pour notre collègue Féraud, font son éloge ; mais ce n'est pas assez pour la représentation nationale, ce n'est pas assez pour sa famille, ce n'est pas assez pour l'histoire. Je demande que le comité d'instruction publique vous fasse un rapport sur les événements malheureux qui nous ont privés de notre collègue. Rendons hommage à la vertu. Assez longtemps, sous la tyrannie, les Fénélon, les Bossuet, ont prodigué les ressources de l'éloquence à l'orgueil (*Moniteur* du 7 prairial an III). »

41 *Convention nationale. — Séance du 7 prairial.*

« Sur le rapport de Sergent, au nom du comité des inspecteurs, le décret suivant est rendu :

« Art. I. Il ne pourra être formé, dans l'intérieur du Jardin-National, aucun établissement de traiteur ou de limonadier, aucune échoppe ou étalage de marchandises quelconques. Les citoyens qui occupent de pareils établissements seront tenus de les évacuer dans la décade.

» II. Les comités d'inspection et des finances régleront les indemnités qu'il convient de leur accorder. Celui des finances désignera les bâtiments nationaux qui pourront leur être donnés pour y transporter leurs établissements.

» III. Ceux qui ont des issues dans le Jardin-National sont tenus de les fermer (*Moniteur* du 11 prairial an III). »

[42] « *Convention nationale. — Séance du 13 prairial.*

» DURAND-MAILLANE : Le second député contre lequel il existe des pièces est Sergent.

» On lit la déclaration faite par un vétéran, de garde à la barre dans la journée du 1er prairial, qui a vu que Sergent a applaudi aux menaces de la multitude qui occupait alors la salle de la Convention, et qu'il a dit : « Voilà le peuple que j'aime, on n'y voit pas » de muscadins ! »

» On lit ensuite la circulaire adressée par le comité de surveillance de la commune de Paris à toutes les municipalités, pour les inviter à se défaire de leurs prisonniers par les mêmes moyens qui ont été employés à l'égard de ceux de Paris, les 2 et 3 septembre. Cette circulaire est signée de Sergent.

» On lit encore d'autres pièces qui constatent que Sergent, en sa qualité d'administrateur de la Commune, avait détourné une bague d'agate, plusieurs montres et d'autres effets précieux. Les mêmes pièces constatent, en outre, qu'il a renvoyé une partie de ces objets, en disant qu'il ne les avait gardés que dans le dessein de les acheter.

» La Convention décrète Sergent d'arrestation (*Moniteur* du 17 prairial). »

[43] Dans un livre consacré au panégyrique d'Émira, Sergent, plus qu'octogénaire, écrivait d'une plume encore passionnée : « .....La confiance intime qu'elle m'accorda, autant que la connaissance que j'eus de ses principes de sagesse, m'imposèrent la loi, que je n'enfreignis jamais, de ne pas l'exposer à rougir de notre liaison. On aura de la peine à me croire : à nos âges, une telle puissance sur soi-même ! Ma constance qui lui survit, cet amour si religieux que je conserve pour sa mémoire, n'est-ce pas un gage suffisant pour des ames honnêtes et sensibles? Je ne veux convaincre que celles-là ; je ne parle pas d'*elle* à d'autres. Il faut estimer les gens pour les entretenir du bonheur que procure la vertu (*Fragment de mon album et nigrum,* page 112). »

[44] Ce procès donna lieu à une correspondance polémique fort vive entre Sergent et le député Guillard, l'un des héritiers opposants ; mais je crois devoir laisser les tristes preuves de ces dissensions de famille dans la *Chronique d'Eure-et-Loir,* où elles sont

enfouies. Je dirai seulement qu'en cette occasion, Sergent ne fit autre chose que se défendre.

[45] *Fragment de mon album et nigrum*, page 66.

[46] La lettre suivante a été adressée par M. Carnot au rédacteur du *National :*

« Nice, le 26 juillet 1847.

» Monsieur,

» Nous venons de conduire au champ du repos un des derniers acteurs du grand drame révolutionnaire : l'ancien conventionnel Sergent est mort ici avant-hier au soir, vieux de 96 ans, sans maladie, sans infirmité même, sous le seul poids de l'âge, qui n'avait d'ailleurs courdé que son corps, et qui l'a laissé jouir jusqu'au bout de toute la fraîcheur de son intelligence et de toutes les ressources d'une admirable mémoire. Il habitait Nice depuis environ dix-sept ans, dans un état voisin de l'indigence, visité par des amis qu'attirait sa conversation fine, spirituelle, enjouée et semée surtout de piquantes anecdotes. Je lui dois, pour ma part, des heures bien intéressantes : c'était, par excellence, l'aimable vieillard. Son ancienne profession de graveur et quelques travaux littéraires occupaient son temps. Il a composé des mémoires ou des notes sur sa vie, déposés, je crois le savoir, dans des mains sûres, et qui en feront un usage conforme à ses intentions. Il avait commencé dernièrement une lettre à M. de Lamartine pour rectifier quelques passages de l'*Histoire des Girondins*.

» Sergent est mort environné d'une affection et d'un respect qui se sont manifestés à ses funérailles; sur l'invitation de quelques-uns de ses amis, j'ai pris la parole pour lui adresser, au nom de la France, un adieu patriotique.

» Notre pays doit une éternelle reconnaissance aux hommes courageux qui lui ont frayé le chemin de la liberté ; soyons attentifs à n'en laisser partir aucun sans un souvenir. C'est le principal motif qui me détermine à vous écrire ces lignes. Il en est un autre pourtant : c'est la crainte que les dernières dispositions morales du vieux républicain ne soient présentées sous de fausses apparences.

» Sergent me tenait ce langage, il y a huit jours à peine : Les jésuites, dont vous connaissez la toute-puissance dans ce pays, m'ont envoyé plusieurs fois leurs agents, et, ajoutait-il, ils m'ont toujours fait l'honneur de m'envoyer des gens d'esprit ; on me rappelle qu'à mon âge il est prudent de se préparer à la mort ; on m'insinue que si elle venait à me surprendre, la réalisation de mon vœu le plus cher, celui d'aller rejoindre ici-bas ma pauvre femme, comme j'espère bien la rejoindre là-haut, pourrait éprouver des difficultés. J'ai toujours répondu que je me mettrais en règle avec le clergé, et que je ne lui laisserais pas un prétexte pour me refuser cette dernière satisfaction ; mais au fond ils voudraient de moi autre chose qu'ils n'obtiendront pas ; ils voudraient un désaveu de ma conduite révolutionnaire. Ils m'ont fait des ouvertures indirectes et ne seraient pas difficiles sur la forme, pourvu qu'il leur fût permis de dire : Le vieux Sergent a abjuré ses erreurs. Le vieux Sergent fait la sourde oreille, parce qu'il ne croit pas avoir été dans l'erreur ; parce que, bien loin de se repentir de sa vie révolutionnaire, il la regarde comme son plus beau titre de gloire.

» Les derniers actes de Sergent n'ont donné aucun démenti à ses paroles. Le curé de sa paroisse s'est d'ailleurs montré plein de convenance et de fermeté ; il a, dit-on, éloigné du lit du moribond des officieux qui voulaient l'assiéger de nouvelles obsessions ; on assure même qu'à certaines observations d'un personnage important il a répondu : « Je souhaite qu'à l'heure suprême votre conscience soit aussi bien préparée que celle de M. Sergent à paraître devant Dieu. »

» Sergent repose donc à côté de sa digne compagne, sœur aînée de Marceau, et qui avait servi de mère au brillant général républicain. Le souvenir que lui conservait son mari était un véritable culte, qui se traduisait sous des formes touchantes pour les ames capables de le comprendre, puériles peut-être pour les autres. C'est en son honneur qu'il avait pris le double nom de Sergent-Marceau. Il a légué à la ville de Chartres, sa patrie comme celle du général, le sabre de Marceau et son écharpe teinte du sang d'Altenkirchen.

» La conversation que j'ai rapportée tout à l'heure peint l'homme entier, imperturbable dans sa conscience politique, comme presque tous ses compagnons de révolution. Compris dans un décret consulaire qui bannissait de France cent républicains, sous prétexte de complicité morale avec les auteurs de la machine infernale,

Sergent avait volontairement perpétué son exil ; il n'avait profité ni des amnisties ni des changements de gouvernements pour revoir sa patrie, devenue successivement empire et monarchie.

» Sergent-Marceau a pris sa part de toutes les gloires et de toutes les responsabilités révolutionnaires. Les seuls titres qu'il revendique dans son épitaphe, composée par lui-même, sont ceux-ci : *Membre de la Convention nationale, l'un des créateurs du Musée de France et des bureaux de bienfaisance de Paris.*

» Votre tout dévoué, H. CARNOT, député. »

47 Il n'y a point là de métaphore : le corps de Marceau fut réellement brûlé, lorsqu'on le transféra de la redoute de Petersberg dans le monument de forme pyramidale qui subsiste encore près de Coblentz.

48 Au moment où s'achève l'impression de cette notice, j'apprends que la ville de Chartres doit hériter seulement du sabre de Marceau. J'étais autorisé à croire que le manuscrit dont j'ai parlé serait joint à ce legs, par le passage suivant d'une lettre que Sergent m'écrivait de Nice, en date du 2 octobre 1845 : « .... Je vous offre ici le seul autographe que je possède de notre héros, *hors un commencement de mémoires que je laisserai, comme je l'ai promis, après moi, à la municipalité de Chartres .....* » Ces mémoires sont intitulés *Extrait de mon journal.*

Sans doute l'honorable légataire de Sergent, M. Agathophile Berchette, ignore quelles étaient les intentions de son père adoptif. Je publie cette note dans l'espoir de les porter à sa connaissance, et de mettre la ville de Chartres en possession d'un écrit émané d'un de ses plus illustres enfants.

49 Voici la liste des ouvrages laissés par Sergent, ou, du moins, de ceux qui sont venus à ma connaissance :

Christ en croix; La Vierge et la Trinité; sujets gravés, pour le missel de Chartres, en collaboration avec Biosse. — *Vues de la cathédrale de Chartres,* 4 planches, pour le bréviaire du diocèse, imprimé in-8° et in-12 en 1783. — *Vue de l'abside de l'église Saint-André de Chartres.* — *Il est trop tard,* scène villageoise, gravée en couleur. — *Vues des châteaux et des principales habitations de Paris et de ses environs,* planches coloriées. — *Portraits des per-*

sonnages célèbres et sujets mémorables de l'histoire de France. Paris, 1787-1789, in-folio, 25 planches coloriées (Emira en a gravé quelques-unes sur les dessins de Sergent). — *Tableaux des révolutions de Paris depuis* 1789, avec un précis historique imprimé par les enfants aveugles. (J'ai trouvé 4 de ces estampes ; j'ignore s'il en a paru davantage.) — *Portrait en pied du général Marceau*, gravure en couleur. — *Portrait du même*, en noir. — Ses *Funérailles*, gravure à l'aqua-tinta. — *Tableau de l'Univers et des Connaissances humaines*, gravures coloriées; in-8° oblong; Milan, 1802. (Quelques livraisons seulement ont paru.) — *Costumi di popoli antichi e moderni;* Brescia e Milano; in-4° de 300 pages, orné de 23 planches. — *Notices historiques sur le général Marceau ;* Milan, 1820; in-8° et in-12, contenant 7 gravures. — *Iconologie* de Pistrucci, traduction française; Milan, 1821. — *Monuments du musée Chiaramonti*, par Ph. Aur. Visconti, traduction; Milan, 1822. — *Portrait d'Emira*, en buste, gravure coloriée. — *Détails historiques sur les diamants de la couronne volés et retrouvés en 1792.* (*Revue rétrospective*, 1re série, tome IV.) — *Relation de la journée du* 17 *juillet* 1791. (Ibid. tome V.) — *Projets républicains de quelques émigrés français.* (Ibid. 2e série, tome Ier.) — *Relation des événements du* 10 *août* 1791 *et des* 20 *et* 21 *juin précédents.* (Ibid. tome III.) — *Notice sur le général Marceau.* (Ibid. tome IV.) *Emira et Marceau enfant*, tableau à la gouache. — *Fragment de mon album et nigrum*, Brignolles, 1837; in-8°, avec portrait, fac-simile et sujets lithographiés. — *Lettre à M. Didron, secrétaire du comité des arts et monuments*, brochure in-12 de 16 pages; Chartres, 1839. — *La bonne petite fille et le ramoneur*, histoire véritable, brochure in-8° de 16 pages, traduite du journal italien —*Letture di Famiglia*; Chartres, 1844. (Le sujet de cette histoire est une aventure de la jeunesse d'Emira.)

Mme Sergent, outre ses ouvrage de gravures, a laissé 6 volumes in-8°, intitulés : *Glanures dans le champ de la vérité.* Ce sont des extraits commentés des livres de science et de philosophie qu'elle avait lus.

FIN.

www.ingramcontent.com/pod-product-compliance
Lightning Source LLC
LaVergne TN
LVHW020351230826
846091LV00003B/1067

* 9 7 8 2 0 1 2 9 2 4 4 9 9 *